LEITURA E PRODUÇÃO DE TEXTOS

Coleção Linguagem na Universidade

ESTÁGIO SUPERVISIONADO DE INGLÊS • *Rosely P. Xavier*
LABORATÓRIO DE ENSINO DE GRAMÁTICA • *Maria Helena de Moura Neves e André V. Lopes Coneglian*
LEITURA E PRODUÇÃO DE TEXTOS • *Juliana de Freitas Dias*
LINGUÍSTICA APLICADA • *Ana Elisa Ribeiro e Carla Viana Coscarelli*

Coordenadores
Kleber Silva e Stella Maris Bortoni-Ricardo

Assistentes de coordenação
Paula Cobucci e Valentina Carvalho Oliveira

Proibida a reprodução total ou parcial em qualquer mídia sem a autorização escrita da editora.
Os infratores estão sujeitos às penas da lei.

A Editora não é responsável pelo conteúdo deste livro.
A Autora conhece os fatos narrados, pelos quais é responsável, assim como se responsabiliza pelos juízos emitidos.

Consulte nosso catálogo completo e últimos lançamentos em **www.editoracontexto.com.br**.

LEITURA E PRODUÇÃO DE TEXTOS

Juliana de Freitas Dias

Copyright © 2023 do Autor

Todos os direitos desta edição reservados à
Editora Contexto (Editora Pinsky Ltda.)

Montagem de capa e diagramação
Gustavo S. Vilas Boas

Preparação de textos
Lilian Aquino

Revisão
Erika Alonso

Dados Internacionais de Catalogação na Publicação (CIP)

Dias, Juliana de Freitas
Leitura e Produção de Textos / Juliana de Freitas Dias. –
São Paulo : Contexto, 2023.
160 p. (Coleção Linguagem na Universidade)

Bibliografia
ISBN 978-65-5541-314-4

1. Leitura – Estudo e ensino 2. Produção de texto
I. Título II. Série

23-4159   CDD 372.4

Angélica Ilacqua – Bibliotecária – CRB-8/7057

Índice para catálogo sistemático:
1. Leitura - Estudo e ensino

2023

Editora Contexto
Diretor editorial: *Jaime Pinsky*

Rua Dr. José Elias, 520 – Alto da Lapa
05083-030 – São Paulo – SP
PABX: (11) 3832 5838
contato@editoracontexto.com.br
www.editoracontexto.com.br

Sumário

APRESENTAÇÃO
Autoria criativa na universidade: um caminho possível 7

TEMPO DO AGORA 9
Nossa metodologia 23

TEMPO DE DIÁLOGOS:
ESCRITA DE SI, ESCRITA DO OUTRO,
LEITURA DE SI, LEITURA DO OUTRO 29
Sobre o diário de bordo: orientações 30
Freireando e escrevendo: a leitura da palavramundo em Paulo Freire 34
Texto e leitura: diferentes caminhos, diferentes consequências 37
Freireando um pouco mais 42
Sobre perguntas sempre frescas 43
Sobre "histórias medicinas" 45
Sobre o verbo esperançar 47
Fichamento acadêmico 49

TEMPO DA PARTILHA:
LEITURA E ESCRITA EM TRÊS GESTOS –
IMPULSO, INTUIÇÃO E PULSAÇÃO ... 53

A importância do ato de escrever ... 56

Metodologia dos três gestos ... 57

O ato de reescrever ... 62

Memória, observação e sentidos ... 70

TEMPO DA INSPIRAÇÃO: ESTILO E AUTORIA ... 77

Recursos estilísticos ... 86

A importância da leitura atenta para a consciência estilística ... 94

TEMPO DA AUTORIA: LEITURA ATIVA E ESCRITA AUTORAL ... 103

Construindo um caminho da autoria em cinco passos ... 110

DESTEMPO ... 123

Escrevendo através das (des)temporalidades ... 126

Desfazendo crenças ... 132

Desescrevendo textos ... 141

Palavras finais ... 149

Referências bibliográficas ... 153

A autora ... 157

APRESENTAÇÃO
Autoria criativa na universidade: um caminho possível

Querido/a estudante, seja bem-vindo/a aos estudos em Leitura e Produção de Textos! A proposta central deste livro é trabalhar seus conhecimentos especializados sobre leitura e produção escrita, a partir de uma pedagogia da escrita criativa, com foco na criatividade, na consciência estilística e na autoria. Esses são aspectos importantes na sua formação em nível superior de qualquer universidade/faculdade.

Propomos desenvolver um trabalho de leitura ativa, analítica e crítica, bem como de escrita autoral de textos a partir de estratégias de escrita criativa, contextualizadas em vivências de desbloqueio e de expansão da capacidade de criação individual. Nosso objetivo central é apresentar uma nova abordagem metodológica para o trabalho com leitura e escrita na universidade, no mundo corporativo e, sobretudo, na vida. Trabalharemos com práticas de textos e com diálogos teóricos em torno de identidades textuais e de construção da autoria em textos escritos (não apenas acadêmicos). Os exercícios serão entremeados aos conteúdos discutidos em cada capítulo, terão como foco sua postura protagonista diante dos textos e serão mediados por gêneros textuais ativos e críticos, como protocolo de leitura, diário de bordo, escrita autoral e reflexões. Teremos exercícios de dois tipos:

(i) exercício do tipo *atividade*, que são tarefas mais práticas sobre os conhecimentos construídos nos capítulos; e (ii) exercício do tipo *reflexividade*, os quais focalizarão análises reflexivas, críticas e autorais sobre sua jornada de leitura e de escrita.

Este livro traz diálogos com a prática de sala de aula (tanto da educação básica como da universidade) e com a trajetória científica, através de pesquisas de iniciação científica, pesquisas de trabalhos de conclusão de curso, tutorias de graduação e pesquisas de mestrado e de doutorado, bem como através de ações de extensão que promoveram os campos etnográficos propícios para a geração de saberes reflexivos e críticos, aqui partilhados com você.

Tempo do agora

De que precisamos para poder escrever? Todas as vezes em que fazemos essa pergunta nas nossas salas de aula da universidade ou nos cursos de extensão universitária, ouvimos o mesmo tipo de resposta: "para escrever, eu preciso de inspiração, de imaginação, de criatividade, de vontade"; alguns dizem ainda que escrever é um dom. E para você: o que é preciso para escrever?

Nós lhe respondemos com toda segurança, com base em nossa imensa experiência com as aulas de escrita, que para escrever é preciso tão somente de um único 'algo': é preciso de **palavras**. Não são a inspiração, a confiança, a convicção, a técnica e o conhecimento que tornam possível a escrita. Stephen Koch (2018), professor de programas de escrita criativa e escritor, diz que é "a escrita que torna tudo isso possível".

Então vamos começar? Assim como o artista plástico precisa das tintas e da tela em branco para iniciar suas pinturas, nós vamos encontrar algumas palavras, em forma de listas, para depois começarmos a escrever de fato.

EXERCÍCIO 1 – ATIVIDADE

Escreva a seguir: **três coisas que cheiram; três coisas que caem do céu; e três coisas que se perderam**.

Pode liberar a imaginação e não tenha receio de suas invenções. Já reunimos muitas palavras a partir dessas simples listas: cheiros como café, perfume de vó, alecrim, feijão na panela, cachorro molhado; o que vem do céu, como raios, chuvas, gelo, cocô de pombo, ideias; e o que se perdeu, como as chaves, os óculos, os sonhos, as gargalhadas.

Você vai precisar de um caderno específico para suas escritas (pode ser uma pasta de arquivos em seu computador). O ideal mesmo é a escrita manuscrita, pois esse tipo de escrita realça elementos psíquicos e emocionais, segundo a experiência de muitos escritores/as, que auxiliam a libertação de nossa mente criativa.

Pronto! Agora que temos nossa matéria-prima em mãos – algumas palavras – vamos seguir adiante com as reflexões e, em breve, continuaremos nossa escrita a partir dessa primeira lista.

Como estávamos dizendo, a inspiração é algo que surge quando você trabalha. A professora de escrita criativa e escritora Noemi Jaffe (2015) nos lembra de que é preciso ter disciplina, regularidade e ritmo ao escrever nossos textos. A escrita precisa ser encarada como trabalho e não como mágica. A escrita é o meio e o fim em si mesmo. Não se trata de focalizar no *sobre* o que escrevemos, o mais importante desse processo de autoria está em 'como' escrevemos.

Vamos trazer para você neste livro alguns caminhos diferentes do que você conheceu até aqui na sua jornada escolar: não basta o planejamento do texto, não basta conhecer os gêneros textuais, como resumo científico ou resenha crítica. É lidando com suas palavras que as ideias vão sendo formadas e que sua autoria e seu estilo vão sendo movimentados, conectando você ao seu texto.

Para isso é preciso ter cuidado, disciplina, constância. A artista escritora Júlia Cameron (2017) nos aconselha a escrever todos os dias três "páginas matinais": trata-se de um ritual em que você deve deixar um caderno (pode ser esse seu caderno de escrita mesmo) ao lado da cama e, ao acordar, antes de se movimentar para o seu dia, você deve escrever três páginas sobre o que quiser, como quiser, sem pretensão alguma com essa escrita.

De acordo com a Cameron (2017: 33-4), as páginas matinais "podem ser chamadas, de forma mais infame, de drenagem cerebral". E nessas preciosas páginas cabe o que você quiser: divagações, narração dos sonhos noturnos, "nada é mesquinho, tolo, estúpido ou esquisito demais para ser incluído". Um aspecto muito importante dessas páginas matinais é que apenas você tem permissão para ler suas páginas. Esse pacto secreto com seu 'eu escritor/a' ajudará a criar um ambiente seguro para sua escrita fluir, para que suas palavras aprisionadas há tanto tempo pelas escritas escolares possam se libertar e para que seus bloqueios criativos e crenças de que não escreve bem comecem a lhe deixar um pouco mais em paz.

Esse é um programa de autoria criativa de textos escritos, para ser pensado/levado para sua vida acadêmica, ou seja, você vai poder se entregar a uma jornada de sua própria escrita, de sua autoria, de seu estilo e de sua criatividade e vai, aos poucos, relacionando tudo isso com as inúmeras demandas textuais que se apresentam dentro da universidade. Pode confiar, pois nossas experiências exitosas com essa metodologia nos revelam segurança no passo a passo que apresentamos aqui neste livro para você.

Reunimos inúmeros autores e autoras para compor a base desse assunto e partimos do 'chão' de nossas vivências com mais de 500 alunos por semestre na Universidade de Brasília, que seguem essa metodologia de escrita. Trata-se de um combinado, de um programa de escrita, de um pacto que estamos fazendo aqui e agora. Você precisa se comprometer a levar a sério as propostas, os exercícios, a dedicar algumas horas do seu dia para escrever e ler os textos que indicaremos aqui. Seguiremos, assim como o Grupo de pesquisa Educação Crítica e Autoria Criativa (Gecria) da Universidade de Brasília (UnB) propõe, em um movimento *lemniscata* (símbolo do infinito), o que significa que voltaremos a tratar temas já abordados, cada vez trazendo um aspecto novo, ainda que seja de modo sutil.

O propósito deve ser o comprometimento com sua própria escrita, é o resgate daquela vontade de escrever (e de ler) que toda criança experimenta quando é alfabetizada e que vai sendo abandonada ao longo do processo de escolarização. São tantos 'nãos' colados em nossas escritas, são tantas cobranças e exigências, são tantas tarefas escolares sem sentido, que vamos perdendo o prazer, o gosto, a vontade de criar, de escrever, de ousar. Junto a esse abandono da nossa escrita, forjamos um abandono da nossa autoria, da nossa presença real nos eventos da vida, do nosso protagonismo no mundo do trabalho e no mundo da escola. Não queremos mais esse lugar robotizado que foi construído dentro das aulas de Português, não queremos focalizar tão somente na correção gramatical, segundo a norma culta da língua portuguesa; não queremos repetir, ano após ano, sobre como fazer um resumo, uma resenha, uma dissertação, um artigo.

Nossa atitude aqui, como condutora dessa jornada de autoria criativa junto com você, estudante universitário(a), é o de girarmos em roda, é acessar um movimento criativo, é o gesto do desbloqueio de nossas crenças sobre nossa escrita e sobre nosso 'eu' estudante. Vamos?

> Conhecimentos preestabelecidos
> Quem preestabelece?
> Nas fábricas de seres pré-fabricados
> Esteiras despejam mentes ocas
> Receptáculos de ideias preconcebidas
> Peças de reposição para os podres poderes
> Induzidos ao não pensar
> Induzidos ao reproduzir
> Os textos que se repetem
> Na manutenção do poder
> Conhecimento fracionado
> Desplugado da vida
> Realidade paralela
> MATRIX
> Disputas, premiações, medalhas
> Separam as peças que melhor se encaixam
> A quem interessam jovens do terceiro setênio?
> Pré-cidadão. Pré-eleitor.
> No agir, a alienação
> No pensar, a vontade de ter
> No sentir, um coração prisioneiro.
> Pois que venham professoras e professores críticos
> Que venham professoras e professores, pesquisadores
> Que venham professoras e professores que furam bolhas neoliberais
> Que venham professoras e professores que acreditam no amor
> Que venham professoras e professores que colhem flores das grietas en los muros.

> (Texto de Adriana Azambuja, pesquisadora do Gecria, inspirado na leitura de Henry Giroux, 1997.)

Vamos, então, logo avisando que para caminhar nessa abordagem é preciso ter muita coragem. Fazer o que sempre fizemos é muito fácil, ficamos na nossa zona confortável de escrita e não ousamos mudar. O mundo precisa de gente comprometida com mudança. Você terá de suportar frustrações. Ler o que escreveu sem tantos julgamentos vindos da sua vida escolar pregressa. É preciso aceitação e transformação dos erros. Aceitação do acaso, de que nosso planejamento se transforma no momento em que a gente escreve. É preciso aceitar o não saber como um elemento necessário para escrever. Noemi Jaffe (2015) nos lembra de que é preciso incorporar esse não saber. Quando mudamos essa chave interna, não somos mais nós que escrevemos os textos. **É a escrita que nos escreve**. Em suas palavras, no *Livro dos começos* (2015: 1), Noemi Jaffe diz assim:

> Se estiver muito preocupado com o começo, esqueça. Vá fazer outra coisa e, quando menos esperar, ele aparecerá. Provavelmente cairá sobre sua cabeça quando você estiver guardando a louça ou se preparando para ir dormir. Ou você poderá encontrá-lo largado no chão, embaixo de algum móvel, esquecido ali pelas crianças ou pelo gato. Mas não se incomode; ele virá, porque o começo surge do acaso. Na verdade, o começo é o próprio acaso; é ele que dispara todos os acontecimentos e sensações.

EXERCÍCIO 2 – REFLEXIVIDADE

Escreva uma lista de suas crenças mais negativas sobre sua própria escrita. Traga suas memórias dos tempos de alfabetização, das séries iniciais... Procure se lembrar das redações escolares e das correções dos/as professores/as, de comentários docentes ou de experiências com colegas. Frases do tipo: "Você não escreve bem", "Nossa, seu texto está cheio de erros", ou, ainda, "Seu texto está péssimo". Não importa se as frases internalizadas foram ditas por outras pessoas ou são de sua própria mente julgadora.

A questão é que somos moldados no processo de aprender a escrever com muitos desafios, com muitas regras, em geral, com grande foco no acerto e na correção. Quando vivemos esse foco exagerado no acerto, nós reprimimos o erro e, com essa repressão, reprimimos nossa criatividade, nossa palavra brincante, nossa ousadia de ideias. Definitivamente, não é isso que queremos como estudantes universitários(as) e como professores/as.

Eliane Rangel, uma aluna universitária do curso de Letras da Universidade de Brasília (UnB), fez um texto criativo com base nesse exercício que propomos para você. Fica como desdobramento opcional a proposta para que você brinque um pouco com as crenças cristalizadas sobre a escrita.

Crenças cristalizadas? Qual nada...
Eu não consigo, não é maneira de se falar
Viver de sonho, posso sim, quem vai podar?
Eu sou é dona do meu umbigo, quem diria
Ficou foi bom! – muito obrigada, são seus olhos!
Avia fia, pode melhorar, pense bem...
Deixa pra lá, deixo não, o que que tem?
Escuta povo, agora sou eu quem vai dizê:
Faço porque quero, porque gosto, e pópara desemetê

(Por Eliane Rangel)

Stephen Koch (2018) lembra-nos de que não adianta esperar pela *inspiração*, nem pela *coragem*, nem pelo *motivo*, nem adianta *ler bons livros*, nem ter certeza de que está no caminho *certo*. Não por enquanto! Estamos aqui no começo da nossa jornada da autoria e nosso foco agora é desbloquear, liberar nossas crenças negativas e escrever muito, sem julgamento. Nas palavras do Koch (2018: 1-2):

> Seria bom, suponho, começar num ponto perfeito da história, do modo perfeito, com a voz perfeita para apresentar com exatidão a cena desejada. Infelizmente você não tem escolha: não tem a menor ideia de como fazer isso. A exatidão costuma se revelar depois de um tempo e é improvável que você saiba de antemão o que funciona e o que não funciona numa história que ainda não foi escrita. Em vez de esperar que tudo esteja perfeito, comece de qualquer jeito, em qualquer ponto, mas comece.

Quando nós assumimos um lugar não de só sujeito, mas também de 'objeto', abrimos mão de tudo que aprendemos como certo e como errado no processo da escrita e permitimos que a própria escrita vá nos surpreendendo. Vamos assumindo um duplo papel: o de escritor e o de observador do próprio ato de (re)escrever. É um caminho de entrega, de confiança no nosso texto, no que temos a dizer; é um ajuste do olhar para o que escrevemos sem tantos julgamentos externos. Trata-se de recolocar nosso texto no patamar de textos reconhecidos, válidos e prontos para serem lapidados.

Nesse processo, vivemos a surpresa (quantas vezes escrevemos um texto e nos perguntamos "como que este texto estava aqui dentro de mim e não tinha saído ainda?"); vivemos a integração, experimentamos um estado de fusão entre o 'eu' e o 'texto'. Segundo Jaffe, é um "controle descontrolado e descontrole controlado".

Vamos ver o que nos dizem alguns/as escritores/as renomados sobre o princípio número um da escrita criativa (segundo Noemi Jaffe): **são as palavras que guiam a escrita e não o contrário**.

> "É preciso ser inclemente com essa questão de 'estado de espírito'. A escrita **cria** o estado de espírito [...] de algum modo a atividade de escrever muda tudo." (Joyce Carol Oates, apud Koch, 2018: 7)

> "'Mas eu não sei qual é minha história'. Claro que ainda não sabe qual é sua história. Você é a primeira pessoa do mundo a contá-la e não pode conhecê-la até que ela seja contada. Primeiro você conta, depois fica sabendo." (Stephen Koch, 2018: 5)

> "quando começo alguma coisa, sinto-me como um cão que fareja o pássaro; trata-se de colocar isso em prosa e depois tentar descobrir o que há ali." (Tom McGuane, apud Koch, 2018: 7)

> "minúsculo, soprado pelo vento... Uma indicação solta, uma palavra ao acaso, um vago eco, ao toque dos quais a imaginação se sobressalta como se aguilhoada por um objeto pontudo." (Henri James, apud Koch, 2018: 6)

> "[As ideias] podem ser grandes ou pequenas, simples ou complexas, fragmentárias ou completas, imóveis ou em movimento. O importante é reconhecê-las quando chegam. Reconheço-as pelo tipo de entusiasmo que elas instantaneamente me trazem, algo semelhante ao prazer e à empolgação de ler um bom poema ou um bom verso." (Patrícia Highsmith, apud Koch, 2018: 8)

> "Embora não seja possível fazer as ideias surgirem à força, pode-se persuadi-las a se apresentar. Assim que você detecta algum fragmento empolgante, seu impulso talvez seja ignorá-lo. Parece tão... tão pequeno, tão insignificante. O que importa não é o tamanho das ideias, mas sua ressonância." (Stephen Koch, 2018: 8)

Vivenciamos no nosso próprio processo de escrita todas as reflexões que trazemos aqui. Concordamos com a Noemi Jaffe (2015) quando ela diz que, ao escrever um texto, acionamos diferentes camadas mentais: intelecto, sensações, sentimentos, intuições – essas camadas começam a funcionar simultaneamente.

EXERCÍCIO 3 – ATIVIDADE

Escolha uma palavra da sua lista do Exercício 1: "Três coisas que cheiram"; mais uma palavra da sua lista "Três coisas que caem do céu"; e uma última palavra da sua lista "Três coisas que se perderam".

Agora você tem três palavras, certo? Vamos fazer nosso primeiro exercício de escrita espontânea. Primeiro vamos viver o exercício e depois vamos refletir sobre seu histórico, seu propósito e sua relevância. Vamos lá?

Escreva durante sete minutos sem parar usando as três palavras da sua lista como você quiser. O começo do texto deve ser "O movimento era circular".

A única regra desse exercício é parar de escrever, você não pode ficar pensando na palavra 'certa', no que você vai dizer, se está bom ou se está ruim... não vale fazer nenhum tipo de avaliação ou julgamento durante a escrita. O foco é apenas escrever. Coloca um alarme para tocar em sete minutos e vamos? Três, dois, um e já!

Ao terminar de escrever, você não vai ler. Simplesmente guarde por algum tempo – já, já retomamos essa (re)escrita. Veja alguns exemplos desse exercício na prática da universidade, vivenciado por estudantes universitários/as como você. Diferentemente do exercício proposto aqui, a lista de palavras era formada por binômios fantásticos, ditados pela professora no decorrer dos sete minutos de escrita espontânea (são eles: tosse rasgada, fôlego solitário, porta perdida e passagem vívida).

O movimento era circular. Aumentava conforme o tempo ia sendo devorado pelos passos dos adultos próximos ao campão. Se eles vissem como estávamos entregues, talvez nos dessem um presente: a companhia do outro por cinco minutos. Até dez! Dez seria o céu... O pensamento me enlouqueceu demais. Comecei a rir até irromper em uma tosse rasgada que ofendeu os ouvidos do meu humano. Era o fim da tarde. Não pude nem me despedir do meu amigo direito. Um fôlego solitário prendeu minha voz depois da correria, deixando apenas os grunhidos sobreviverem. Quando recuperei um pouco da energia para protestar, já tinha passado pela porta perdida em muitas outras. Não adiantava arranhar, debater ou latir para elas. A única passagem viva era o colo do meu humano.

(Por Dani Coprani)

O movimento era circular. A pontinha do dedo descobria como perfurar a areia do mar ao som de uma sinfonia desafinada: tosse rasgada da vó adoentada. Já estava acostumado com aquela vibração. Fôlego solitário. Miguel pescava com o olhar os grãos coloridos de areia. Bege, preto e marrom, curiosidade exemplar no coração de criança arteira. Alguém reaprendeu a respirar. Miguel ou vovó? Mais uma vez, a tosse rasgada lhe alcançou as orelhas. Hesitou e deixou em espera o livro que redigia no chão. Pálpebras infantis engoliram a velhinha sentadinha na cadeira. Degustava seus biscoitos globos e um suco de laranja. Passagem vívida.

(Por Lorena Eufrásio Cardoso)

Vamos continuar nossa conversa? Você deve estar pensando: "já entendi sobre gesto da escrita, mas, e os erros?". O que fazemos com nossos erros?

Gianni Rodari (1973), professor e escritor italiano, em seu livro *Gramática da fantasia* nos convida a brincar com nossos erros. Ele nos ensina que erros são criações autônomas que abrem as portas para uma realidade desconhecida. Assim são nossos erros de ortografia, de sintaxe, de gramática de modo geral; eles são erros na medida em que estamos sendo moldados por uma norma, por algo que nos diz o que é 'certo' e o que é 'errado'.

Não podemos fugir dessas regras em certo sentido, mas podemos mudar nosso olhar perante nossos erros, abrindo em nós uma **fenda criativa** capaz de forjar um olhar mais ousado e brincante para o jeito como escrevemos. Essa estrutura não está correta do ponto de vista da norma culta padrão e eu tenho consciência de que é uma escolha? Então, estamos seguindo nossa consciência estilística e linguística.

Valentina Andrade, aluna da Universidade de Brasília, nos conta como foi o processo de desbloqueio criativo nessa jornada proposta:

> Encarar o papel e a caneta, no entanto, é uma intimidade que perdi à medida que cresci e fico triste de ver minhas próprias ideias sendo esquecidas por não virarem letra. Esse descaso com a palavra vem do medo de não ser boa o suficiente, de estragar um sentimento por escrevê-lo mal e do receio do julgamento dos outros. [...] É preciso coragem e desapego para retomar as rédeas do próprio instinto criador. E foi isso que me propus a fazer: a cada dinâmica, via uma oportunidade de me livrar da tensão; a cada tarefa, enxergava uma deixa para buscar meu antigo eu, louco por se expressar. O que vivi nessa experiência de reencontro com a minha palavra foi a descrição de liberdade, porque entendi de uma vez por todas que para escrever não é preciso inspiração. É preciso começar a escrever. Escrever sobre mim, sobre o outro, sobre o passado, sobre o futuro, sobre a mentira e sobre a verdade.

(Por Valentina Alves Menezes Andrade)

Para Rodari (1973), rir dos erros é uma maneira de evidenciar a criatividade; devemos explorar os erros voluntários ou involuntários. Para o professor, o erro pode revelar verdades escondidas... Quer ver um exemplo?

EXERCÍCIO 4 – ATIVIDADE

Escreva duas verdades e uma mentira sobre você mesmo/a. Leia a sua mentira com bastante atenção e escreva por cinco minutos (técnica de escrita espontânea do Exercício 3), criando uma breve história sobre sua mentira. Guarde o texto.

Rodari trabalhou muitos anos com crianças e acompanhou o processo infantil de criação de histórias em época de alfabetização. Segundo ele, "com uma única palavra podemos conseguir muitos erros, ou seja, muitas histórias" (1973: 35). Entre suas provocações, ele brinca dizendo que a "hora" transformada em "ora" pede demissão do relógio e vai trabalhar na gramática como conjunção ou advérbio; a "expingarda" com 'x' em vez de "s" atira plumas no lugar de balas; "automovil" é um carro malvado, "otomóvel", um carro com oito rodas, "altomóvel" é um carro muito alto. Errando é que se inventa.

Nesse sentido, trazemos para a sua jornada a concepção de "erro criativo", com base nos estudos e nas vivências do Rodari e também nas nossas experiências do Gecria. Erro criativo abre um mundo de possibilidades, enquanto o acerto converge em uma única opção. Nossos enganos e nossos erros produzem muito. Uma vida comum tem foco no acerto, ou seja, no pensamento convergente. A vida do/a escritor/a criativo/a tem foco no pensamento divergente, traz uma visão de mundo nova, diferente, que amplia, abre, muda, sai da 'caixinha' padronizada e hegemônica. "Nos erros há fendas e nas fendas moram as histórias" (Rodari, 1973: 33-34).

> Não é novidade que de um lapso pode nascer uma história. Se batendo à máquina um texto, me acontece de escrever 'Lamponia' ao invés de 'Lapônia', acabei de descobrir um novo país cheiroso e arborizado: seria um pecado apagá-lo do mapa das possibilidades; melhor explorá-lo. Como turistas do fantástico.

Para escrever bons textos, é preciso fazer um exercício que vai de encontro à ideologia escolar mais comumente difundida: o acerto. É necessário se desligar do acerto e colocar o alvo no que é feio, no que está errado. Essa atitude de olhar e trabalhar sobre os desvios é uma atitude muito mais importante do que a vontade de acertar. É um passo necessário para que o texto se transforme na reescrita, assim como nós nos transformamos com as experiências desafiadoras da vida. Trata-se de uma escrita integrada e entregada.

Noemi Jaffe nos ajuda a dar as boas-vindas aos nossos erros. Ela chama esse processo de "desescrever para escrever" e traz alguns pontos relevantes sobre a escrita. O erro sempre revela alguma coisa que está acontecendo no texto e na pessoa; é preciso que nos tornemos ótimos leitores de textos feios, cheios de erros, através de um novo filtro, um olhar mais curioso, um olhar pesquisador, de alguém que sente (ou aprende a sentir) amor à pergunta: "por que eu repeti cinco vezes a palavra *velho* no meu texto?"; "O que se passa com essa repetição?"; "Está acontecendo algo no meu mundo interno de forma que essa palavra tem um sentido especial e está querendo me dizer algo?".

Veja que, para além das regras de coesão referencial, você pode olhar a repetição cuidadosamente para compreender o que ocorre no nível dos significados mais profundos. Você não precisa simplesmente (mais do que rapidamente) sair riscando palavra repetida e fazendo as substituições por pronomes, por sinônimos, por elipses. Essa atitude é limitada e limitante. Entender as regras textuais, gramaticais, semânticas faz muito sentido se elas são consideradas dentro do contexto da escrita que está sendo feita; se cada erro não for olhado como erro para ser simplesmente 'corrigido'. Chamamos de avaliação de textos – e não de correção de textos – essa proposta de uma nova metodologia de escrita autoral.

Os 'erros' carecem de avaliação e não apenas de correção. É muito importante ver como cada erro se relaciona com o todo do texto, do momento, da emoção da escrita etc. Com os erros, pode-se estar criando algo mais interessante do que sem eles. Com essa mudança de perspectiva, acompanhamos Noemi Jaffe quando ela nos fala que os erros podem estar a serviço de algo maior: qual é o seu significado mais profundo? Essa é a pergunta que deve nos acompanhar em nosso processo de reescrita.

EXERCÍCIO 5 – REFLEXIVIDADE

Vamos criar erros e ousadias?

Para desbloquear a nossa capacidade de ousar e de brincar na criação de textos, vamos seguir uma proposta de Gianni Rodari (1973), chamada binômio fantástico.

Abra um livro qualquer (pode ser literário ou acadêmico da sua área) e escolha dois substantivos em uma página aberta ao acaso. Escreva os substantivos em seu caderno. Abra novamente em outra página aleatória e procure dois adjetivos quaisquer. Escreve no seu caderno. Agora misture cada substantivo com cada adjetivo e veja o que acontece: você está criando binômios fantásticos.

Quer ver alguns exemplos?
Sandálias pálidas
Escândalos murchos
Pele naufragada
Sorriso distante

Leve os binômios fantásticos para seu dia a dia e amplie sua observação sobre os usos dos sintagmas nominais (substantivo + adjetivo) que normalmente usamos. Percebe como fazemos junções muito usuais, bem previsíveis? Por exemplo, "porto seguro". Pensa nas palavras como uma peça de mármore que vai ser lapidada pelo artista. Se o mármore não fosse duro, não gerasse resistência, não teríamos a obra de arte. As palavras não podem ser penetráveis, segundo Noemi Jaffe, elas devem oferecer resistência, no sentido de trazer um impacto de originalidade na leitura. A leitura não fica previsível, são necessárias uma pausa e uma atitude de contemplação. É essa sensação que um binômio fantástico ajuda a construir no processo da leitura. Na perspectiva da escrita, ninguém é capaz de criar um binômio igual ao outro nem igual ao de outra pessoa, o que faz dos binômios fantásticos um traço de originalidade na escrita. Vamos observar o binômio "sandálias pálidas" no texto escrito a seguir (escrito pela autora deste livro, Juliana Dias, em homenagem à sua vó Ana Rosa).

> Rosa andava de um jeito firme como que para espantar o cansaço. Nos pés, o mesmo calçado de ontem, parecia ter sido usado por sua mãe e por todas as suas ancestrais. Sandálias pálidas. Talvez para compensar o colorido de sua face quando lidava com o jardim e o lenço sempre novo na cabeça.
>
> (Por Juliana Dias)

A ênfase do binômio aconteceu pela escolha da frase curta (contendo apenas o próprio binômio), o que causa pausa e chama a atenção do/a leitor/a para a imagem desejada.

As expressões muito comuns são esvaziadas de significados e quando utilizadas em um texto, parecem sugerir que uma palavra está automaticamente puxando a outra, sem autoria, sem provocar o pensamento de quem lê. A leitura fica marcada por um excesso de previsibilidade e o automatismo da leitura compromete a interação textual; a habilidade de leitura crítica fica comprometida.

O que faz uma pessoa que escreve bem? De acordo com Noemi Jaffe, ela devolve às palavras sua impenetrabilidade, sua resistência a partir da **precisão**. Nesse sentido, através de nossa atenção plena na reescrita, vamos buscando binômios comuns no nosso texto e vamos criando binômios fantásticos em alguns casos e em outros vamos cortando palavras, uma atitude muito importante na escrita. Se eu leio em um texto falando sobre alguma coisa bem importante como algo fundamental, é preciso refletir que não é o mesmo que dizer que é essencial, ou que é importante ou relevante. Cada uma dessas palavras tem um significado preciso e é preciso discriminar os significados de cada palavra. Por isso, o dicionário será um grande companheiro.

Amilcar Bettega (2019), escritor brasileiro, fala sobre a escrita como um processo intuitivo: no primeiro momento, escrevemos para poder saber o que vamos escrever. Em um segundo momento, começamos a pensar sobre o texto, é o momento reflexivo. Retomamos o texto, reformulando o texto, são processos de ida e volta; analisamos os 'erros', cortamos palavras. Avançamos e voltamos, eis a base da reescrita.

Cidinha da Silva, escritora contemporânea, fala que o bom cronista é como o pescador, que sabe localizar no rio o lugar onde os peixes, ou as boas histórias, estão. Podemos ampliar esse dito para o *bom escritor*.

A escrita criativa pode ser ensinada? Essa é uma pergunta trazida por Francine Prose (2008), escritora e autora do famoso livro *Para ler como um escritor*. Ela responde da seguinte maneira:

> É uma pergunta sensata, mas por mais vezes que me tenha sido feita, nunca sei realmente o que responder. Porque se o que as pessoas querem dizer é "pode o amor à linguagem ser ensinado?", "pode o talento para a narração de histórias ser ensinado?", então a resposta é não. [...]

Em vez disso, respondo relembrando minha própria e valiosíssima experiência, não como professora, mas como aluna numa das poucas oficinas de ficção que frequentei. Foi na década de 1970, durante minha breve carreira como estudante de pós-graduação em literatura inglesa medieval, quando me foi permitido o prazer de fazer um curso sobre ficção. O generoso professor ensinou-me, entre outras coisas, a editar meu trabalho. Para qualquer escritor, a capacidade de olhar uma frase e identificar o que é supérfluo, o que pode ser alterado, revisto, expandido ou – especialmente – cortado é essencial. É uma satisfação ver que a frase encolhe, encaixa-se no lugar, e por fim emerge numa forma aperfeiçoada: clara, econômica, bem definida. [...] Uma oficina pode ser útil. Um bom professor pode lhe mostrar como editar o seu trabalho. A turma adequada pode formar a base de uma comunidade que o ajudará e sustentará. Mas não foi nessas aulas, por mais úteis que tenham sido, que aprendi a escrever. Como a maioria dos escritores, talvez todos, aprendi a escrever escrevendo e lendo, tomando os livros como exemplo. (Prose, 2008: 11)

EXERCÍCIO 6 – CHEGANDO NO TEMPO DO AGORA – ATIVIDADE

Leia a apresentação da professora Juliana Dias e escreva um breve texto de apresentação pessoal. As únicas regras dessa tarefa são escolher um trecho de livro, poema, música com o qual você se identifica e usar esse fragmento de modo integrado no texto. Veja como ficou o Mia Couto (2009), com Juliana Dias:

Sou Juliana Dias, mãe de quatro filhos – um virou estrela antes de sentir a brisa do mundo. Sou filha de uma linda mineira, Agda Maria, e de um goiano maroto, Daisy Dias. Dessa união nasceu minha vida: lindeza + marotice, certo? Não foi bem assim... nos silêncios dos conselhos de minha mãe, acharam brecha a seriedade e o sotaque de terra firme que logo se alojou no meu jeito menina de ser. Fui crescendo e aprendi a transmutar a seriedade em pergunta. Passei a exigir explicação do destino não como a garça que pousa uma única perna no chão, mas como o elefante, deixando a pesada marca das patas no barro... meu 'eu' racional tomou a frente e quase perdi a essência de quem sou. Com a maturidade aprendi a ouvir o pensamento do meu coração; comecei a prestar atenção na perna da garça que não pousava no chão; senti a alquimia da minha mãe e do meu pai se materializando dentro de mim. O meu novo sotaque era de nuvem com gosto de novidade. Passei a misturar poesia com ciência; arte com docência. Assim, estou aqui agora, apresentando essa disciplina pra vocês.

O trecho do Mia Couto (2016), do romance *O último voo do flamingo*, que inspirou a escrita foi o seguinte:

> Conselhos de minha mãe foram apenas silêncios. Suas falas tinham o sotaque de nuvem. "A vida é que é a mais contagiosa" – dizia. Eu lhe pedia explicação do nosso destino, ancorados em pobreza. Inclinava a cabeça como se a cabeça fugisse do pensamento e me avisava: "Você quer entender o mundo que é coisa que nunca se entende". Em tom mais grave me alertava: "A ideia lhe poise como a garça: só com uma perna. Que é para não pesar no coração. Porque o coração, meu filho, o coração tem sempre outro pensamento". Falas dela, mais perto da boca que do miolo. (2016: 45)

Agora é a sua vez! Quem é você **agora**? Quem são seus pais? Como foi chegar aqui, neste exato momento da sua vida? Com qual artista (poeta, escritor, musicista) você dialoga mais de pertinho?

NOSSA METODOLOGIA

Apresentamos a seguir sete pilares e três gestos que ancoram nossa metodologia de trabalho com autoria criativa. São eles:

1. Nosso trabalho é sintonizado com a **criação de comunidades** de aprendizagem, a que chamamos de comunidades de escrita. Construímos coletivamente um ambiente de leitura/escrita em que a sensibilidade e as experiências desafiadoras (por vezes, dolorosas) vividas pelos/as alunos/as participantes são fontes preciosas de novos modos de ser/saber/poder a serem manifestos na autoria.
2. Sustentamos nosso trabalho em uma educação como prática da liberdade, de forma que o/a condutor/a também é parte da comunidade de aprendizagem. Em outras palavras, o/a condutor/a escreve junto com os/as estudantes e, algumas vezes, escreve para seus estudantes, assim como cria uma ambiente confiável e seguro para troca dos textos escritos pela comunidade.
3. Dedicamos tempo de acolhimento dos textos produzidos nas comunidades de escrita e de leitura. Elencamos uma bibliografia baseada nos pressupostos da escrita curativa e terapêutica, de modo a alinhar as necessidades do grupo com leituras sintonizadas com

seus momentos, suas travessias, suas dores atuais. Nossa noção de desbloqueio não se associa à ideia de um simples bloqueio criativo, mas de um bloqueio criado pelas *palavrasmundo*, no sentido desse termo cunhado por Paulo Freire (veremos mais adiante), que 'colou' em nossas identidades de alunos/as (que todas/as temos) e que carregamos por muito tempo de modo oculto. Muitas vezes, são vozes internas que nos inferiorizam, que julgam a nossa escrita e nosso texto, que nos colocam em um desânimo em relação ao processo autoral; algumas vezes, essas vozes nos fazem até mesmo querer desistir de nossa própria escrita (ou da nossa escrevivência, no sentido que Conceição Evaristo defende). Nossa luta no Gecria é para trazer estes fantasmas à tona, pois eles estão cristalizados em crenças e massacram nossa presença e vontade (devir) em relação à nossa própria *palavra-texto*. Ao tomarmos consciência linguística crítica dessas vozes, podemos *cuidar* de cada uma delas, acolhendo, agradecendo, incluindo e deixando cada uma no lugar em que precisam estar – no nosso passado. São movimentos sistêmicos trabalhados através de dinâmicas de escrita criativa sistêmica que vão integrando e curando nossas dores em relação à nossa expressão escrita e oral.

4. Primamos pela liberdade nas escritas dos textos e também nas leituras, dando preferência a leituras de textos insurgentes, com foco na interseccionalidade raça-classe-gênero. Os textos dos/as alunos/as podem ser assinados por pseudônimos, para facilitar o trabalho pedagógico de análise coletiva dos textos. Apenas lê o texto a pessoa que sentir desejo de partilhar.

5. Desenvolvemos uma articulação entre a leitura e a escrita como práticas vivas, dinâmicas e situadas no contexto do tempo e das identidades das turmas. Nosso foco está em provocarmos mudanças nos modos de olhar e na postura diante da partilha de textos autorais nas comunidades. A intenção estética e artística se manifesta e faz parte das aulas de escrita, contribuindo para o florescimento da confiança, da entrega, do aprofundamento em experiências autorais.

6. A criatividade é parte da vida humana. Ela não está fora do escritor. Todos são considerados criadores de seus próprios projetos estéticos autorais. Todos são autores.

7. Os gestos da escrita criativa são trimembrados em: impulso, intuição e pulsação criativa. E os passos metodológicos de cada um desses gestos propõem um descongelamento do mundo interno de quem escreve e de quem lê; é nesta fronteira do campo sensorial que acontece o encontro e a (co)criação; é onde somos 'fisgados' e penetramos o fantástico universo das histórias, das nossas próprias histórias, incluindo nossas biografias.

8. O gesto do impulso é o do desbloqueio; as técnicas com foco em escrever por sete minutos, vinte minutos, três minutos sem parar são muito úteis. Outra dinâmica desse gesto é escrever com restrições (como, por exemplo, a obrigatoriedade de inserir uma lista de palavras ditadas pelo/a professor/a; ou a partir de imagens geradoras; ou com restrições de exclusão, como *não pode* escrever com adjetivos ou com o pronome/conjunção *que* etc.) Ao focalizar na restrição ou nas pequenas tarefas oferecidas, o desbloqueio vai acontecendo. Neste gesto é preciso identificar as *vozes* internas que colocam nossa identidade escritora para baixo.

9. O gesto da intuição prevê o trabalho com a linguagem. Chamamos esta etapa de *jornada da linguagem*, com foco na estilística, na construção das frases e dos parágrafos, bem como nas escolhas das palavras. Tomamos como caminho metodológico muitas práticas de reescritas e de leituras atentas (análises estilísticas de textos conhecidos e de textos produzidos pela própria turma).

10. O gesto da pulsação é o ápice da presença. A escrita passa a fazer parte da vida, de cada momento, de cada encontro. Não há mais separação entre quem escreve e sobre o que se escreve. É quando dizemos 'sim' à vida com tudo o que a vida tem e quando assumimos nossa autoria e nosso protagonismo, bem como consideramos nossos textos como protagonistas no mundo; como atos de resistência contra uma visão da vida como uma massa cinzenta, sem presença de seres humanos reais, sem fluxos criativos e insurgentes; é uma resistência crítica da autoria. A isso chamamos de autoria criativa. Os três gestos são fluidos e dinâmicos, as técnicas são aplicadas no ir e vir dessa trimembração, em conformidade com as necessidades de cada momento.

EXERCÍCIO 7 – REFLEXIVIDADE

Para finalizar o nosso **tempo do agora**, convidamos você a escrever com regularidade e ritmo. Escolha de acordo com seu tempo disponível, além das páginas matinais, qual o compromisso que você vai assumir com sua própria escrita:

( ) vai escrever todos os dias;
( ) vai escrever dia sim, dia não;
( ) vai escrever três vezes por semana;
( ) não vai escrever.

Se você entendeu bem, escrevendo menos do que três vezes por semana não dá para você entrar nessa jornada da autoria. Para escrever, você precisa **escrever** – colocar em ação. E como eu sei o que eu vou escrever? **Escrevendo**.

SUGESTÕES DE LEITURAS

Sugerimos a leitura do conto "O voo da trapezista", de Amilcar Bettega. Caso não encontre este conto, pode escolher qualquer outro de sua preferência. O importante é você observar os binômios fantásticos usados pelo autor ou pela autora e 'pescar' algumas palavras que te inspiraram. Anote-as em seu caderno.

Indicamos também a leitura do texto da professora Ana Vieira Pereira: "Para escrever, escrever", disponível no blog do Gecria (www.autoriacriativa. com).

BIBLIOGRAFIA COMENTADA

Gianni Rodari (1973), em *Gramática de fantasia: uma introdução à arte de inventar histórias*: ajuda a instaurar um pensamento insurgente na escrita; desprende criatividade; binômio fantástico; prefixo arbitrário; pensamento narrativo; erro criativo (dialoga com carnavalização bakhtiniana).

Nilce Sant'anna Martins (2011), em *Introdução à estilística*: este livro trata da estilística da palavra e da frase. No fim, apresenta sugestões de exercícios de análise de textos da literatura com foco na estilística. É um livro clássico.

Julia Cameron (2017), em *O caminho do artista*, traz um programa de desbloqueio da escrita.

Stephen Koch (2018), em *Oficina de escritores*, partilha seu curso de escrita para ficção, desmistificando a criação literária a partir da desconstrução de certas fórmulas muito ensinadas de escrita criativa. É um manual claro, direto e profundo.

RESUMINDO O CAPÍTULO

Neste capítulo, vimos que a escrita autoral é um processo profundo que precisa de atenção, dedicação e acolhimento. Dialogamos com Noemi Jaffe e os dois princípios da linguagem: as palavras que guiam as ideias e não o contrário e a resistência das palavras. Conhecemos o Gianni Rodari com sua *Gramática da fantasia*, o erro criativo e o binômio fantástico. Aprendemos com Stephen Koch sobre os movimentos da escrita e sobre desbloqueio criativo. Com Julian Cameron, nos dedicaremos às páginas matinais como tarefa de casa. Iniciamos nossa jornada da autoria e ficamos mais conscientes, protagonizando as mudanças que queremos vivenciar nos nossos textos, a partir de um compromisso de dedicação diário ou, no mínimo, de três vezes por semana. A metodologia que usamos neste livro foi apresentada em sete passos e três gestos, que foi desenvolvida a partir das pesquisas do grupo Gecria (UnB/CNPq). Escrevemos por meio de cinco exercícios e agora vamos guardar esses textos para desengavetá-los no próximo passo da jornada.

Tempo de diálogos: escrita de si, escrita do outro, leitura de si, leitura do outro

Você já escreveu diários? Já parou para pensar que momentos de escritas íntimas ficam perdidos no período de infância ou de adolescência e que não encontramos mais tempo para esse tipo de escrita? Como vamos produzir bons textos, autênticos, críticos e consistentes se não criamos espaços para escritas livres, reflexivas?; se não nos dedicamos a observar os temas que passam em nosso mundo interno?; se não percebemos o impacto das experiências da vida em nós, por meio das nossas próprias palavras? Falar de autoria é falar do nosso próprio jeito de ser.

Quantas vezes lemos um livro ou assistimos a um filme ou série e, naquele exato ponto, naquela exata cena, nos emocionamos? Já repararam que nossas emoções nos atravessam (e estamos falando de emoções em amplo espectro, o que inclui a raiva, a tristeza, a melancolia, a inveja) e não prestamos atenção no contexto do surgimento dessas emoções?

É nessa observação de si que nasce um/a escritor/a mais consciente de sua voz, de suas escolhas textuais, de sua autoria. Quando nossas emoções afloram em determinada cena de um filme, podemos registrar no nosso caderno de escrita os detalhes dessa cena: havia música? Qual era o roteiro exato? A cena se passava em ambiente externo (natureza, cidade, outro) ou em ambientes mais privativos (casa, hospital, escola, outro)? Alguma frase te impactou e abriu em você a expressão dessa emoção? Que frase foi essa? Ou foi um trecho de diálogo? Copie este trecho em seu caderno. Anote tudo com data, nome do filme/livro e o contexto da sua vida naquele momento (estava passando por algum desafio pessoal?). Essas respostas, quando são colecionadas ao longo do tempo, podem ser um verdadeiro tesouro para a pessoa refletir e compor sua autoria, seu jeito de criar imagens, cenas, histórias, textos.

É sobre isso que vamos tratar neste segundo passo da nossa jornada: sobre o caminho da auto-observação de sua própria escrita e da prática da leitura, a partir da contemplação das escritas e vivências/leituras alheias e próprias.

Nosso caderno vai ser batizado como **diário de bordo**, pois, a partir de agora, estamos invocando uma nova faceta identitária sua: a faceta pesquisador/a. É muito produtivo e revelador quando prestamos atenção às nossas simpatias e às nossas antipatias em termos relacionais, culturais e individuais.

Nossa proposta é que você possa empreender essa jornada da escrita unindo os conhecimentos trazidos por: (i) diálogos teóricos (através de encontros com autores/as) no âmbito do 'pensar'; (ii) diálogos afetivos e empáticos (por meio de encontros com outros/as estudantes universitários/as, como você), no campo do 'sentir'; e (iii) diálogos criativos (mediante a escrita em seu diário de bordo), no âmbito do 'agir'. Neste capítulo, vivenciaremos experiências que nos levarão a pensar, sentir e agir de formas inusitadas, com o auxílio da criatividade, da escrita e do pensamento crítico.

SOBRE O DIÁRIO DE BORDO: ORIENTAÇÕES

O diário de bordo é um macrogênero textual insurgente e crítico que se revela como um grande aliado de uma prática pedagógica decolonial. Trata-se de um caderno em que registramos relatos preciosos, escritos pelos/as protagonistas do trabalho universitário, os/as estudantes, logo após cada prática de escrita e de leitura realizadas no bojo dessa jornada de aprendizagem deste livro.

Acionamos, com a escrita do diário de bordo, um componente muito importante da consciência crítica que é a **reflexividade**. Ao nos dispormos (qualquer um/a de nós, adultos, jovens e crianças) a registrar as experiências vividas, para além das nossas escritas, nos colocamos de volta no momento das trocas e vivências de aprendizagem e tomamos uma postura distanciada que areja nosso pensar e nosso sentir. Passamos a nos acostumar a *tomar distância* (no sentido freiriano, da leitura de palavramundo, que será apresentado a você em breve) e vamos deixando com que o vivido se apresente novamente diante do nosso 'eu', reverberando os sentidos mobilizadores do aprendizado ainda fresco.

Assim, como pesquisadores críticos, vamos nos acostumando a conviver com perguntas, ou melhor, com nossas perguntas internas (e com as perguntas de pessoas com quem convivemos); são aquelas perguntas que nos compõem e que deveriam ser as que realmente importam ao processo pedagógico. O diário de bordo revela nossa bússola interna no campo dos aprendizados; é um "auxiliar de navegação", como diria Gina Vieira, professora da Secretaria de Educação do DF e autora do projeto premiado Mulheres Inspiradoras.

Funciona assim: um caderno escolhido por você (pode ser encapado com carinho, desenhado, enfeitado) passa a ser o seu diário de bordo dessa jornada da autoria. Ao final de cada exercício proposto aqui, de cada leitura de capítulo, ou no momento que você quiser, basta você registrar as vivências no gênero textual que preferir: poesia, relato, ilustração, música, colagem etc. No diário, podemos escrever nossas páginas matinais, nossos textos do cotidiano, nossos desabafos, nossas perguntas, nossas artes. É um instrumento que mobiliza diferentes marcas de um aprendizado autônomo e crítico: **engajamento, protagonismo, liberdade, ética, autoria**.

Trata-se de um canal que sintoniza com a criação de uma linguagem da possibilidade, para além da linguagem da crítica, como nos lembra Henry Giroux (1997) em suas reflexões sobre pedagogia radical. Além disso, mobiliza uma identidade de intelectual transformador, ou seja, a pessoa aciona vínculos novos com outras pessoas e com o mundo ao seu redor; pode transformar o diário em um instrumento de pesquisa etnográfica crítica, a fim de formular perguntas próprias e sociais para serem respondidas em sua jornada, em seus projetos e planos futuros através de uma pesquisa-vida que nasce de dentro do processo. Por isso, é decolonial também.

A professora e pesquisadora Ana Cláudia Sousa Dias (2021) fez uma pesquisa sobre o uso do diário de bordo como instrumento pedagógico para sala de aula, de maneira que um único caderno (o diário de bordo da turma) circulava entre os/as estudantes que se voluntariavam para fazer o relato da aula. Sua dissertação de mestrado se chama *Vozes reveladas: o diário de bordo de estudantes da educação básica sob a perspectiva da análise de discurso crítica* e está disponível para leitura no repositório de pesquisa da UnB. A seguir, partilhamos as vozes da professora Ana Cláudia e de sua aluna (em entrevista) sobre o que significou essa experiência do diário de bordo na escola. Trazemos também um trecho do próprio diário de bordo de um estudante:

> Sempre me senti uma professora democrática, aquela que escuta o aluno, a aluna, mas, com o diário de bordo, houve uma sistematização desse espaço democrático. Eu combinei com os alunos e alunas que a escrita seria voluntária, eu não seguiria qualquer espécie de ordem, e, com isso, eles poderiam escolher o dia em que queriam escrever. Tenho uma aluna, por exemplo, a quem indaguei o motivo de ainda não ter escrito, porque ela é sempre muito participativa, e ela me disse que gostaria de fazer o último diário, pois quer fazer uma retrospectiva do ano. Gente, que lindeza!! Nunca imaginei isso! Os alunos muitas vezes chegam ansiosos para escutar o relato do colega. E ver aqueles alunos que nunca falam se candidatando e deixando todos de queixo caído com seu texto! (Dias, 2021: 24)

> Isso, tentar se soltar mesmo na escrita. Acho que é libertador isso, acho que escrever liberta a gente, liberta a gente de um monte de sentimentos que a gente tá ali carregando [...] vai tirando aquelas amarguras, aquelas, é gostoso colocar isso pra fora e a gente tem que colocar e a escrita é uma forma de colocar e o diário de bordo, ele traz isso, você colocar pra fora, né, você se sentir importante, porque tem sua voz ali, tem seu pensamento, seu sentimento e as pessoas poderem ouvir isso, é muito bacana, né. (Trecho de entrevista com estudante de escola do DF. Dias, 2021: 181)

> Diário de sensações
> [...]
> Nem o poeta mais inspirado conseguiria descrever todas as sensações que senti em uma sala de aula. A emoção de conversar com pessoas tão diferentes mas com tanto em comum, aprender o que já sabemos, ver o mundo fora de nosso olhar, fora de nossa época compreendendo sentimentos que não nos pertencem.
> Tudo o que nos foi mostrado me traz uma maravilhosa sensação de euforia e saudade pelo desconhecido. Para muitos talvez não seja assim, mas para mim foi viver em um livro de vários contos aleatórios a cada dia. Obrigado.
>
> Atenciosamente,
>
> Halima. (Diário de bordo. Dias, 2021: 229)

Tempo de diálogos

EXERCÍCIO 1 – ATIVIDADE

Em seu **Diário de bordo de escrita**, você deve registrar dois tipos de notas:

1. **Material biográfico**: registros escritos (podem ser acompanhados de fotografias) sobre sua produção de textos ao longo da vida: como foi sua alfabetização? E sua relação com sua letra, como é (Já ouviu algum comentário sobre sua letra? Qual/is)? Você escrevia na sua adolescência? Sobre o que gostava de escrever? Como foi treinar sua escrita para o vestibular? Você tem imagens, histórias, cenas que marcaram essa fase da sua escrita? Como é sua escrita nos dias atuais?

2. **Material de inspiração**: observações do seu cotidiano; suas percepções da realidade, das pessoas, da natureza. Tire um tempo por dia para fazer essas anotações aleatórias. Com seu diário em mãos, você pode registrar trechos de conversas, frases lidas em textos de mídias digitais; trechos de letras de músicas preferidas, cenas vividas em momentos de contemplação em parques, ruas, festividades etc.

Segundo a professora Gina Vieira, um dos grandes aprendizados com o diário de bordo, além de desenvolver a escrita autoral, é garantir aos estudantes práticas democráticas e motivadoras no espaço escolar.

Para finalizar e te inspirar na escrita do seu diário de bordo, partilhamos um trecho do diário do estudante universitário Gabriel da Cruz, abrindo nossos diálogos do campo do sentir:

> Se eu pudesse resumir o meu aprendizado em uma palavra seria libertação, ou então, intuição. Tudo bem, precisei de duas palavras para a definição. Mas é exatamente isso. Se eu achar que devo usar duas palavras e, no momento em que eu escrevo, apenas uma me vem a mente, tudo bem. Se eu quiser falar sobre a árvore e na hora me inspirar um pássaro, tá tudo bem. Eu sou o dono das minhas palavras, eu sou o dono da minha história. Aprendi nos últimos meses a não esperar uma inspiração, ou que o bloqueio criativo passe, mas aprendi a quebrar a marretadas, ou melhor, a canetadas, esse tal de bloqueio. Descobri não ser falta de criatividade, não, não, não. Muito pelo contrário, é o medo do que sairá de mim. Porque muitas vezes eu penso que aquilo que escreverei será uma definição do meu ser, então se escrevo algo brega, ruim, é sinal que sou brega e ruim, se escrevo com um errinho desatento de português, já

cai o jugo de que sou burro. Pura ignorância que fora marcada em mim desde o início, desde o meu contato com as primeiras palavras, primeiras sílabas, primeiras letras. Também porque só me foi reforçado que todo texto é autobiográfico, por mais lúdico e fictício que seja, todo verso carrega o sangue e a identidade do autor; acredito nisso com alegria por me mostrar a escrita como um recurso terapêutico. Isso, ao mesmo tempo em que é belo, pois carrega sempre um humanismo nas letras, é também assustador. Se conhecer é assustador. Entrar pela primeira vez na sala do terapeuta é assustador. Abrir uma página em branco é assustador, reler o que foi escrito é assustador. Aprendi como usar melhor minhas inspirações e também como provocar uma inspiração. A inspiração induzida. A inspiração que eu vou em busca, da qual eu sou seu dono, eu sou o escritor, eu sou. Nos últimos meses eu aprendi a ter a audácia de me denominar escritor! E não quero nunca mais deixar que esse título e benção se afastem de mim.

EXERCÍCIO 2 – REFLEXIVIDADE

Escreva por dez minutos em seu diário, através da técnica da escrita espontânea (escrever sem parar, sem pensar muito) sobre o que você pensa da sua escrita, sob a inspiração do texto do Gabriel.

FREIREANDO E ESCREVENDO: A LEITURA DA PALAVRAMUNDO EM PAULO FREIRE

No texto intitulado "A importância do ato de ler", Paulo Freire (2012) elabora suas reflexões sobre o processo de ler e de escrever a partir dos relatos de suas próprias vivências de infância. Fala sobre suas primeiras experiências de leituras de mundo e leituras das palavras, no chão de terra do quintal de sua casa no Recife. Com essa inspiração, escrevemos nosso próprio memorial de leitura de mundo, uma leitura da *palavramundo* sobre as lembranças mais remotas da vida.

A partir dessa escrita (escrita de si), começamos a levar para a universidade, desde 2009, essa proposta de produção textual. Colecionamos, na base de dados do Gecria, mais de 10 mil memoriais de estudantes universitários(as), ao longo de mais de uma década de trabalho de escrita e partilha de si nas aulas de Leitura e Produção de Textos. Esperamos que seus memoriais façam parte desse movimento.

Acionar esse gênero na universidade, engajada na prática docente, portanto, política, alimenta uma profícua discussão sobre o tema da biografia e sua importância nos processos de leitura e de escrita. É assim que inauguramos nossa entrega à escrita de textos com marcas explícitas de autoria, e que convidamos, a cada semestre, centenas de estudantes como você a se entregarem a essa rica e instigante aventura que é recordar e organizar os sentimentos das narrativas de vida a fim de apresentá-las em linguagem escrita. Nas palavras da professora Juliana Dias:

> Imbuídos todos em uma vivência real e profunda de suas identidades pessoais, revisitamos espaços, encontros, desencontros, delícias e amarguras específicas das primeiras leituras, não só das palavras, mas, sobretudo, do mundo que nos cerca. Assim, essa iniciativa dá uma nova vida para a célebre frase de Paulo Freire (2012): "a leitura do mundo precede a leitura da palavra", por meio de um exercício despretensioso na forma, mas audacioso no projeto. (Dias, 2012)

Vamos trazer agora uma inspiração para a escrita do seu memorial de leitura de palavramundo. Este é um trecho do memorial de leitura da jovem Lorena Cardoso, aluna de Letras da UnB na ocasião da escrita do texto.

> Eu não sei por que nascemos chorando, mas sei que experienciamos a dor com cada fibra de nosso corpo. Nas cólicas noturnas. Nos choros de alerta. Fome. E, finalmente, quando somos entrelaçados nos braços de nossa mãe, a dor some. Como um remédio gostoso, sem a parte do amargor. Apenas o doce saboreado por nossa curiosidade de criança. Violentamente, me recordo de quando eu era pequena. Eu queria ser grande. E, hoje, sou grande. Olho para trás: quero ser pequena de novo. Quando eu sentia fome, Ilma, a minha melhor amiga, preparava um grande copo de gororoba pra mim. Receita terrível: biscoito de água e sal misturado com biscoito de maizena mergulhados numa xícara de café com leite. Gosto duvidoso e cheiro delicioso. Minha barriga doía, antes e depois. Primeiro de fome, depois de indigestão. A dor me visitava de maneiras diferentes. O joelho ralado doía de um jeito diferente da dor de perder um amigo. Lembro do cheiro do sangue me causando curiosidade ao rasgar o indicador enquanto abria, sedenta, a caixa de bombons. Doeu, mas passou rápido, o chocolate tapou a dor com seu aroma adocicado. Antes de comer o chokito, chupei o dedo até estancar o sangue.

Não contei para ninguém e descobri que minha saliva curava feridas. Pra quê merthiolate se eu tenho baba curadora? Certa vez, acreditei que dedos feridos, gosto de sangue e gororoba não tinham nada a ver um com o outro. Me enganei! Tinham tudo a ver com a minha forma de deliciar a dor e a alegria a todo momento. Lembro também de ser pequena e perguntar absolutamente tudo o que estava escrito nas páginas das revistas, dos livros e dos outdoors que pintavam Brasília. Ao som do motorzinho do dentista musicando a sala de espera, sentei ao lado de minha mãe e a questionei: – Mãe, o que está escrito aqui? – O nome da modelo da foto. – E qual é o nome? – Karen. – Ah, então é ela que está no meu dente! Uma descoberta com cheiro de cárie raspada no dente de leite dolorido. Ora ora… que façanha, pequena Lorena. Este texto se iniciou com dor e, até mesmo na dor, você consegue rir de si mesma. Eu trocaria a dor que me cerca a vida por um milhão de cáries pelo resto desta narrativa. Mesmo sabendo escrever hoje, sinto falta da pequena Lorena que apenas enxergava códigos estranhos no papel e estancava o sangue com a própria saliva. Um suspiro desesperado por querer voltar aos dias em que era fácil demais ser pequena e sonhar em ser gente grande. Assistir ao mundo com os olhos de estrelas e cheirar as coisas com as narinas apressadas. Medos tão passageiros, mas fui e sou corajosa. Sou e fui moleca. Quando algo ruim acontecia, era só dormir que as lágrimas quentes cessavam mergulhadas em sonhos malucos. Hoje, resgato essa Lorena. Sou pequena de novo.

(Memorial escrito em 2021 por Lorena Eufrásio Cardoso, estudante de Letras-Licenciatura/UnB.)

Para escrever o seu memorial de leitura de palavramundo, você terá de ler o texto "A importância do ato de ler" de Paulo Freire (2012). Nossa proposta é apresentar uma forma de leitura ativa e criativa a partir do gênero textual *protocolo de leitura*. Antes de realizar essa tarefa, vamos falar um pouco sobre o conceito de **texto** e sobre as concepções de leitura que podemos acessar para direcionar o nosso trabalho.

Aqui partiremos de algumas escolhas que serão muito importantes, pois cada escolha vai nos levar a um caminho diferente da nossa autoria. Veja o que o escritor Itamar Vieira Jr. (2021), autor da famosa obra *Torto arado*, nos conta na crônica "Desenredos" sobre sua relação com as palavras:

Não recordo muito bem quando comecei a escrever, mas no campo minado da memória a resposta que me resta é de que foi quase ao mesmo em que comecei a ler. A palavra viva passou a exercer sobre mim um fascínio quase místico, o mesmo fascínio que conheci observando os astros ou a vida dos animais. Letra a letra, som por som, fui percebendo na minha monótona infância que as palavras abriam janelas para outras dimensões além da que eu vivia. Elas eram capazes de encurtar distâncias, nomear objetos e lugares que certamente nunca conhecerei pessoalmente, além de devolver a vida às personagens que não faziam parte de meu mundo. [...] A etimologia da palavra "palavra" – do latim *parábola*, que por sua vez vem do grego *parabolé* e significa comparação – tem relação com a sua capacidade de capturar a vida em algo. Esse mistério de tentar resumir a essência das coisas em palavras – maximizada pela descoberta da leitura e da escrita – teve em mim um efeito encantatório.

TEXTO E LEITURA:
DIFERENTES CAMINHOS, DIFERENTES CONSEQUÊNCIAS

O que é texto para você? Escreva no seu diário de bordo o que você considera ser um texto. As noções mais tradicionais de **texto** que circulam na mente das pessoas, de acordo com nossa experiência acadêmica, parte das seguintes afirmações:

1º) **Texto** só é texto se for escrito.
2º) **Texto** precisa ser coeso **e** coerente.
3º) **Texto** serve para comunicar algo para alguém.

Esse olhar sobre o que é texto foi a base do pensamento moderno linguístico, segundo o qual texto é considerado, sobretudo, uma unidade significativa. Na última metade do século passado, Roman Jakobson, um linguista russo que estudou a linguagem e a comunicação, trouxe desdobramentos e elaborou as chamadas *funções da linguagem*, instaurando o olhar sobre o texto como unidade de comunicação. Nesse sentido, o texto deixou sua soberania linguística de base formal, com ênfase no significado/significante e em quem escreve, e passou a considerar o/a leitor/a e a estudar sobre como essa recepção do texto acontece (canal, código, mensagem, produtor e receptor).

Essas diferentes concepções de texto interferem em nossa escrita e nos valores que são social e academicamente atribuídos ao texto e à sua produção. Se consideramos o 'outro' na nossa escrita, passamos a considerar como texto muitas outras formas de expressão que antes não eram incluídas, sobretudo, porque eram menos valorizadas socialmente, como as propagandas, as notícias, as histórias em quadrinhos etc.

Foi com o avanço dos estudos linguísticos do fim do século XX, a partir das ideias preconizadas pelas áreas de estudo da Sociolinguística, da Análise de Discurso, da Pragmática e da Linguística Textual que a concepção de texto se ampliou e que passamos a considerar a texto como parte da interação social. As concepções anteriores, segundo as quais texto é uma unidade de significação ou uma unidade de comunicação foram absorvidas pela noção de texto como interação.

O que isso significa, em termos práticos, em relação aos processos de leitura e de escrita? Significa que, se partimos da ideia de texto como unidade de **significação**, vamos considerar a leitura como um gesto submisso, feita por um leitor receptor, passivo diante das ideias de um/a autor/a que detém o conhecimento e que escreve o texto para ser lido. Assim, há pouco espaço de diálogo, de reflexão entre leitor e autor, e isso pode ser visto nos gêneros textuais mais tradicionais (que coadunam com essa visão tradicional de texto), como as provas, o artigo científico, os textos que narram a história de uma sociedade, sob a perspectiva do colonizador.

Se a visão de texto é como sendo de **comunicação**, passamos a investir com ênfase maior no leitor, e seu papel passa a ser considerado algo importante de ser levado em consideração. Isso, então, nos conduz a estudar seriamente outros gêneros discursivos, como os da publicidade, de entrevistas, relatos de experiências em revistas científicas, resenhas crítica etc. Percebe que a valorização de certos tipos de textos (expressos no que chamamos de gêneros textuais) está diretamente ligada à concepção de texto de que partimos?

Se nosso foco é no texto como mera unidade de significação (sem considerar a autoria, o processo de leitura e de constituição dos sentidos), as nossas propostas de atividades de aula de Português seriam descontextualizadas, com excesso de ênfase na norma culta da língua e na estrutura sintática, morfológica da língua. Se, por outro lado, consideramos texto como uma unidade comunicativa, promoveremos debates, práticas de oralidade, escritas de textos de opinião e a sala de aula será mais conectada com os encontros, com as trocas. Se, em última instância, focalizamos a concepção de texto como **interação**, vamos ousar muito mais, propondo fusão, mistura, criação; vamos dedicar tempo para atravessar as barreiras linguísticas e vamos trazer outras expressões do ser para a nossa aula, através de linguagens multiversas, como teatro, literatura, declamação, música etc.

Este livro está centrado na concepção de texto como manifestação de criatividade e de cura, como expressão do 'eu' e do 'tu' da linguagem, como invocação do encontro permeado de liberdade. Em outras palavras, partimos da noção de que texto é interação. Nosso caminho metodológico, nesse sentido, está centrado em leituras de textos de autores/as importantes através de gêneros de estudo mais reflexivos, como o protocolo de leitura, que propõe seis perguntas para orientar a compreensão textual, realçando o papel ativo de leitura por parte de quem lê.

Concordamos com o linguista brasileiro João Wanderley Geraldi (1997: 96), ao tratar a leitura como "interlocução entre sujeitos" e como "espaço de construção e circulação de sentidos", contextualizada ao "processo de constituição da subjetividade". Na concepção interacional da leitura e de texto, ancoramos nossas ideias na visão de linguagem atrelada aos sujeitos sociais, ou seja, nosso viés é discursivo interacional. Por isso, consideramos que a construção da subjetividade é atravessada pelas forças sociais que limitam os modos de pensar e de ser na vida social, mas a subjetividade também é moldável, no sentido de ter brechas de possibilidades para transformação das práticas sociais, através das mudanças na linguagem e nos sujeitos que se manifestam através dela.

Trazemos, a seguir, três perguntas importantes postas por Geraldi (1997) para nos orientar nas nossas reflexões sobre leitura ativa:

1. Quando se admite que um sujeito se constitui, o que se admite junto com isso?
2. Que energia põe em movimento este processo?
3. Com que instrumentos ou 'mediações' trabalha este processo?

O potencial de reprodução do estado das coisas e o potencial de mudança estão atrelados aos modos como escrevemos e lemos o mundo e as palavras. Quando reconhecemos que nós, enquanto sujeitos, somos influenciados por vivências externas, podemos dizer que somos formados como leitores através de nossas experiências de vida (leitores do mundo) e por meio das leituras das palavras escritas (em geral, através da escola).

A energia que coloca em movimento esse processo de nos constituir-mos como leitores(as)/escritores(as) tem a ver com toda a rede relacional que estabelecemos com o mundo, com a vida social, com nossos afetos e com nossas antipatias. Mas tem a ver, sobretudo, com a incompletude. Tudo isso gera energia que modela essas identidades em (trans)formação; é na tensão entre o 'eu' e o 'tu' que se evoca a palavra própria e a contrapalavra. Os instrumentos que são parte desse processo são tanto as palavras alheias quanto as palavras autorais.

Seguimos a linha de pensamento do linguista russo Bakhtin (1981) para compreendermos como nossa subjetividade se constitui e como ela impacta e forma nossa identidade leitora e identidade escritora. Bakhtin diz que

> as influências extratextuais têm uma importância muito especial nas primeiras etapas do desenvolvimento. Estas influências estão revestidas de palavras (e outros signos) e estas palavras pertencem a outras pessoas: antes de mais nada, trata-se das palavras da mãe. Depois, essas "palavras alheias" se reelaboram dialogicamente em "palavras próprias-alheias" com ajuda de outras palavras alheias e logo se tornam palavras próprias que já possuem um caráter criativo. (1981: 385)

Nossa subjetividade se constitui por meio da linguagem, a partir das palavras alheias que nos formaram e a partir do processo de criação da própria autoria, marcado pelas experiências em que, tomados por novas leituras de mundo, vamos transformando as palavras alheias em nossas próprias palavras. Esse processo tem impacto no nosso jeito de sentir o mundo e de ser no mundo.

Os gêneros textuais são modelados socialmente de acordo com as crenças, os valores e as visões de mundo que nos cercam enquanto sujeitos sociais. Quando valorizamos o trabalho escolar com foco na passividade do papel do aluno, ignorando a perspectiva crítica e sociointeracional da linguagem, tendemos a valorizar gêneros textuais padronizados, como fichamentos acadêmicos. Por outro lado, ao considerarmos o papel ativo e crítico do estudante, nos aproximamos do viés interacional da linguagem e valorizamos, como parte do trabalho escolar, a produção de gêneros textuais mais dialógicos. Nesse sentido, podemos falar de protocolo de leitura ou de resenha crítica. O fichamento não deve ser excluído do processo de leitura; ele deve, todavia, ser recontextualizado nessa nova abordagem discursiva da leitura.

Vamos conhecer um pouco mais do protocolo de leitura?

Os protocolos de leitura são utilizados como metodologia de leitura ativa. Quando valorizamos o papel de quem lê o texto e não apenas de quem escreve, transferimos o foco de atenção de uma leitura passiva para uma leitura mais crítica, uma vez que deixamos de considerar que o ato de ler se restringe ao que ao autor/a escreveu e nos retiramos do lugar de leitor que lê para aprender.

Com a prática de escrever protocolos de leituras dos textos que circulam na universidade, passamos a focalizar nosso olhar primeiramente na nossa própria compreensão do texto e no diálogo com quem escreveu. É uma metodologia de investigação de aprendizado de diferentes formas de leitura, que inclui o contexto de aprendizado, considerando, conforme Paulo Freire, que a leitura envolve o conhecimento de mundo.

Segue um roteiro dinâmico de perguntas orientadoras de leitura de texto. Você pode começar lendo o texto "A importância do ato de ler", de Paulo Freire (2012), e aplicando esse protocolo. Depois escreva o que achou de ler um texto a partir desse roteiro reflexivo de leitura.

1. Como você dialoga com o texto lido? Em que momento da sua vida este texto chegou e que sentido ele faz para suas experiências atuais? O que aprendeu sobre a temática do texto lido (conceitos teóricos).

2. Qual parte do texto teve mais dificuldade de interpretar e qual o motivo dessa dificuldade? Com qual parte do texto você mais se identificou? Por quê?

3. Quais foram os desafios apresentados durante a leitura (dificuldade na interpretação do texto e na identificação de ideias centrais, o desconhecimento de itens lexicais (palavras), falta de familiaridade com o gênero discursivo ou estilo do autor. Dificuldade em relacionar as intertextualidades).

4. Qual é a relação temática do texto com seus conhecimentos e suas experiências?

5. Avaliação do texto (ou de outros contextos, levantando pontos positivos e negativos).

6. Sugestões para melhorar o contexto de aprendizado.

EXERCÍCIO 3 – ATIVIDADE

Leia o texto de Paulo Freire "A importância do ato de ler" (2012) e faça seu protocolo de leitura ativa.

FREIREANDO UM POUCO MAIS

Vamos trazer agora um pouco mais de histórias de vida de Paulo Freire para inspirar você na escrita do seu memorial de leitura de mundo. Contar e ouvir histórias de vida, incluir outras pessoas importantes na nossa trajetória existencial são maneiras de acessar o nosso 'sentir' para as práticas de leitura e de escrita.

Quantas vezes você recebeu a ordem de ler um texto na escola ou na universidade e mal sabia pronunciar o nome do/a autor/a; e muito menos sabia quem era aquela pessoa, nem quais foram suas inspirações, suas histórias, sua biografia. De acordo com Dias (2021), em diálogo com o filósofo Jonas Bach, o trabalho com biografia

> contribui para o desenvolvimento de três pilares do ser: (i) contemplação: ao contemplar histórias de vida própria e de outras pessoas trabalha-se o âmbito da individualização e da (trans)formação da personalidade, despertando em si mesmo um interesse verdadeiro pelo outro ser humano; (ii) valorização: ao valorizar histórias de vida, pessoal e alheia, desenvolve-se a vinculação entre o 'eu' e o 'outro', superando forças antissociais muito comuns em nossa época; (iii) configuração de futuro: ao escrever textos biográficos é possível assumir uma postura de engajamento com o mundo, atuando no próprio devir. (2021: 68)

Por isso, entraremos agora em diálogo com algumas histórias de Paulo Freire e de Elza, sua companheira de vida de muitos anos, narradas no livro *Pedagogia da esperança* (2012). Esperamos que essas reflexões sejam motivação para você buscar, sempre que possível, conhecer um pouco a biografia dos/as autores/as dos textos que você precisará ler na universidade e na sua vida. Esperamos, também, que através dessas breves histórias você possa ir vivenciando aspectos relevantes que compõem uma leitura ativa e crítica de textos.

SOBRE PERGUNTAS SEMPRE FRESCAS

> A noite ia caindo. A noite tinha caído. No Recife, a noite chega de repente. O Sol se espanta de ainda estar clareando e some, rápido, sem mais demora. (2012: 8)

Ele, homem quase feito, quase doutor, suspenso no 'quase' final de curso de Direito, no entremeio da vida jurídica e do magistério. Ela, uma artista. Mulher inteira. Diante do convite do amigo de Paulo para sua primeira atuação como advogado, Elza se apressa na pergunta sempre formulada por dentro da boca-coração:

> E que fará Paulo neste órgão? Que poderá se propor a Paulo, além do necessário salário, no sentido de que ele exercite sua curiosidade, se entregue a um trabalho criador que não o leve a morrer de tristeza, a morrer de saudade do magistério de que ele tanto gosta? – pergunta enquanto acende a luz da sala já na penumbra da noite instalada. (2012: 8)

Essa certamente não foi a primeira 'luz' que Elza acendeu na vida de Paulo Freire. Escolhemos essa lente para olhar para Paulo Freire. A lente de Elza, com seu riso completo, sempre pronto, de um lado "um riso de confirmação de algo que ela quase adivinhava", de algo em que "ela apostava desde o princípio de nossa vida em comum", como disse o próprio Paulo Freire. De outro lado, tinha um riso "ameno, sem arrogância e transbordante de alegria".

Foi com esse riso que Elza recebeu Paulo, emendando a pergunta que para muita gente se torna mecânica, daquele tipo que cai no baú das palavras burocráticas:

> "Tudo bem, hoje, no escritório?" (1981: 8)

Na boca-coração de Elza, eram palavras que formulavam, de fato, uma *pergunta, uma verdadeira indagação*, cheia de uma *curiosidade viva* própria da Pandora, da Sherazade, de Oyá Tempo e da Perséfone, todas juntas numa alma de mulher.

Foi neste instante que veio a resposta também autêntica, na sintonia genuína da alma educadora de Paulo Freire: "Já não serei advogado". Ele precisava contar à Elza sua palavra, precisava falar do dito e do acontecido. "Falar do dito não é apenas re-dizer o dito, mas reviver o vivido que gerou o dizer que agora de novo se diz." Paulo falou então das "coisas vividas, dos silêncios significativos, do dito e do ouvido".

Narrou seu encontro com um homem, dentista, com suas dívidas, falou de sua função jurídica, mas narrou, sobretudo, sobre os olhos do homem, pai de um bebê, sobre sua dor e sobre a compaixão que sentiu. Falou sobre o fim da história, sobre o tempo entre parênteses que o dentista ganharia até arrumar outro advogado que substituísse Paulo nessa causa. Re-disse, re-viveu, re-silenciou e reafirmou sua decisão: "Gostaria de lhe dizer que com você encerro minha passagem pela carreira nem sequer iniciada. Obrigado".

Paulo Freire viveu 42 anos nesse diálogo profundo com Elza, um encontro permeado de espaços compartilhados e de espaços próprios, numa dinamização entre o 'eu' e o 'nós'. Elza emenda:

"Eu esperava isto, você é um educador."

EXERCÍCIO 4 – REFLEXIVIDADE

Esse primeiro movimento nos convida a um gesto esquecido: em que momentos em nossas vidas experimentamos escutar *perguntas vivas*? E quando mesmo nos permitimos pronunciá-las? Quando, em nossas histórias, nos permitimos mergulhar no que foi dito e no que não foi dito por nós mesmos? No que foi ouvido e no que foi sentido? Paramos para nos perguntar: o que sentimos nesse tempo-espaço que ocupo? Sou eu que ocupo ou me coloco sem consciência e deixo a vida passar diante de mim, como se estivesse em estado de anestesia? A vida carece dessa pergunta sempre fresca: "Como foi, hoje, no escritório?"; ou melhor: "Como foi, hoje, na universidade?"; ou ainda: "O que poderá esse trabalho propor à minha pessoa, como ser humano-gente?".

SOBRE "HISTÓRIAS MEDICINAS"

Conta-se que Paulo Freire fazia longas falas nos círculos de educação popular. Começou engatinhando no *falar sobre*, assim como nós mesmos, aqui e agora, falando dele (sobre ele – e por que não com ele?), continuamos a ecoar o *discurso sobre*.

Trocar o *falar sobre* pelo *falar com* não é tarefa simples e Paulo Freire carregava uma experiência vivida que, para ele, era como uma espécie de "história medicina". Com todas as diferenças de linguagem, ambientação e contexto de quem fala com o povo e para o povo, Paulo Freire tratava, certa vez, da questão do castigo e do prêmio na educação, sobre autoridade e liberdade. Ao final da palestra, um homem de seus 40 anos pediu a palavra e disse ter ouvido as "palavras bonitas" de Paulo Freire. Disse que deu pra entender as "coisas que juntas as palavras queriam dizer". Tomou, então, a palavra com sua autoria e perguntou se Paulo Freire sabia onde eles moravam. Adivinhou como era a vida, a casa e a rotina de Paulo Freire e emendou "a dureza da vida não deixa a gente escolher". Falou do cansaço do corpo, da impossibilidade dos sonhos com um amanhã melhor. Da proibição que lhes era imposta de ser felizes, de ter esperança.

Essa "história medicina" acompanhou Paulo Freire depois de ele ter processado em seu mundo interno tudo o que ela trouxe de aprendizado. "Pensei ter sido tão claro... Não terá sido você, Paulo, quem não os entendeu?" (2012: 14).

Elza mais uma vez acendeu a luz e perguntou a pergunta viva que acompanhou Paulo Freire, atentamente, no dito e no não dito. Segurou firme em sua mão e ficou ali, de sentinela, naquele espaço criado entre a fala e o eco da fala... Desse movimento, deu-se o nascimento dos círculos e das rodas de diálogos freirianos.

> "O discurso daquela noite longínqua se vem pondo diante de mim como se fosse um texto escrito, um ensaio que eu devesse constantemente revisitar". (2012: 14)

EXERCÍCIO 5 – REFLEXIVIDADE

Vamos fazer um exercício muito simples agora. Fecha os olhos e pensa em uma situação em que você se sentiu incompreendido/a. Fica aí um pouco e respira. Re-escuta as palavras ditas e ouvidas. Respira no espaço entre elas. Agora, muda a lente, aos poucos e vai penetrando na vida íntima daquela pessoa-gente que esteve como pivô dessa situação. Visualiza a infância dela, seus pais, contempla suas brincadeiras, seus risos, e também suas dores, seus desafios, a primeira perda. Vai naquele trauma mais fundo, mesmo que você não saiba qual é e como foi. Veja como um filme... use a imaginação e deixe a história crescer em você. Vai abrindo espaços novos entre o dito e o não dito... entre o que foi ouvido e o que não foi ouvido... deixa essa sensação permear você por inteiro/a, seu corpo, suas emoções. Procura dentro de você um ponto de contato, de empatia, de compaixão e de humildade – respira. Pronto! É aí que mora a esperança.

Transforma essa imagem em uma "história medicina". Agora, imagina que você caminha pela vida com essa lente permanente: a cada situação, você mesmo/a se convida a olhar com outros olhos e a buscar o encontro, mesmo na divergência; aliás, é na diversidade que moram os diálogos mais frutíferos, especialmente se atravessados por essa amorosidade. A partir de agora se comprometa a criar esses círculos do *falar com* o/a outro/a e não *sobre* o/a outro/a. Pronto, a mudança foi semeada.

SOBRE O VERBO ESPERANÇAR

Eis que a desesperança bateu fundo na alma deste homem chamado Paulo Freire. Para tomar goles vivos da palavra *esperançar*, é preciso mergulhar um pouquinho mais fundo e curar velhas feridas.

Nesses momentos em que Paulo se sentia acabrunhado, triste e que alimentava sua solidão, Elza não ousava pronunciar nenhuma palavra. O silêncio era a intensificação mais nobre de sua presença nessa jornada existencial. Essa dor passou a ser visitante do coração de Paulo no período de 22 a 29 anos, de quando em quando ali se alojava, e aquele homem visionário se recolhia em um vazio. O intervalo dessa visita (da dor) foi ficando mais curto até o momento em que Paulo se propôs um olhar diferente. Em suas palavras (2012: 15):

> Comecei a procurar situá-la no quadro em que se dava. Que elementos cercavam ou faziam parte do momento mesmo em que me sentia mal.
>
> Quando o mal-estar era pressentido, eu procurava ver o que havia em torno de mim, procurava roer e relembrar o que ocorrera no dia anterior. Reescutar o que dissera, a quem dissera, o que ouvira e de quem ouvira. Em última análise, comecei a tomar meu mal-estar como objeto de minha curiosidade. Tomava distância dele para aprender a sua razão de ser. Eu precisava, no fundo, de iluminar a trama em que ele se gerava.

Paulo começou a perceber que essa desesperança o visitava em dias de chuva, especialmente durante as viagens à Zona da Mata: "o céu escuro e a chuva pesada caindo [...] o verde e a lama, a terra preta empapando-se de água ou o barro vermelho virando uma massa escorregadia, às vezes viçosa [...]". Então, ele associou sua depressão à chuva, ao barro massapê, aos verdes dos canaviais, não a nenhum desses elementos sozinhos, mas à relação entre eles.

> No fundo, eu vinha educando a minha esperança, enquanto procurava a razão de ser mais profunda da minha dor... jamais esperei que as coisas se dessem. Trabalhei as coisas, os fatos, as vontades. Inventei a esperança concreta em que um dia me veria livre de meu mal estar. (Freire, 2012: 19)

Foi, então, que revisitou seu passado, o Morro da Saúde, sua casa de infância, sua vida. Reviu as mangueiras e o quintal, 'viu': "Revi os pés, meus pés enlameados subindo o morro correndo, o corpo ensopado. Tive diante de mim, como numa tela, meu pai morrendo, minha mãe estupefata e a família perdendo-se em dor". (Freire, 2012: 18)

Assim, Paulo Freire desvendou a trama de sua dor, descobriu a sua razão de ser. "Fiz a arqueologia da minha dor". O convite é fazer a leitura de mundo sob uma nova percepção. Em suas palavras: "É interessante observar como em poucas páginas estou podendo condensar três ou quatro anos de busca nos sete em que aquele momento se repetiu" (Freire, 2012: 19).

Propomos aqui na nossa jornada da autoria em que também façamos a arqueologia da nossa dor escondida. Após narrar esses movimentos de histórias de vida de um ser humano inspirador, como é Paulo Freire, pedimos que recolha suas memórias de infância e as leituras de suas palavrasmundo. Você está pronto/a para escrever seu memorial?

EXERCÍCIO 6 – REFLEXIVIDADE

Escreva seu memorial de palavramundo. Pode usar a técnica da escrita espontânea que você já conhece: dessa vez, marque trinta minutos no seu relógio e escreva após contemplar fotografias da infância e após conversar com pessoas queridas que te conheceram criança, como seus pais, tios, avós. Peça para elas (re)contarem suas histórias de vida. Deixe essas memórias invadirem seu mundo interno e escreva livremente. Lembre-se de que você só vai mostrar este memorial para quem você quiser, se você quiser. Nosso princípio é a liberdade na escrita e na partilha.

EXERCÍCIO 7 – ATIVIDADE/REFLEXIVIDADE

Para finalizar o **tempo de diálogos**, apresentaremos como fazer um fichamento clássico de texto acadêmico. Nossa sugestão é você escolher um texto que está lendo no momento no seu curso universitário e fazer o fichamento desse texto. Depois disso, você faz uma comparação entre como foi escrever o protocolo de leitura e como foi produzir o fichamento. Escreva essa reflexão em seu diário de bordo e traga pontos de crítica sobre leitura ativa, reflexiva e crítica.

FICHAMENTO ACADÊMICO

O que é um fichamento?

Segundo pesquisadores renomados na área de escrita acadêmica (como Lucília Garcez e João Bosco Medeiros), o fichamento é um conjunto dos dados *relevantes* de alguma coisa, geralmente anotados, arrolados em fichas, folhas avulsas etc. O fichamento constitui um *valioso recurso de estudo*, de que lançam mão pesquisadores, para a realização de uma obra didática, científica ou de outra natureza e sua função primordial é registrar informações que poderão ser utilizadas futuramente.

Na esfera acadêmica, os fichamentos podem ser feitos em folha de papel avulso de forma manuscrita ou folhas brancas em meio digital. Na obra *Ler e (re)escrever textos na universidade* (Dias, 2018), nós apresentamos um roteiro de como fazer um fichamento, do mesmo modo como apresentamos aqui. É importante seguir um formato padrão para que o estudo do texto aconteça de modo organizado e metódico em sua mente. Primeiramente, você deve ler o texto no mínimo duas vezes, sublinhando as partes mais importantes (verificar a técnica da sublinha no livro citado) ou fazendo esquemas pessoais para compreensão em seu caderno. Em seguida, é preciso registrar: o título do texto estudado (com as informações bibliográficas completas segundo as normas da ABNT); um resumo do texto; anotações sobre tópicos da obra; citações diretas; e comentários. Ademais, é importante inserir algumas referências bibliográficas que se destacaram no texto. Vejam o exemplo a seguir:

FICHAMENTO ACADÊMICO

Referência bibliográfica: TELES, Maria Amélia de Almeida. *Breve história do feminismo no Brasil.* São Paulo: Brasiliense, 1993.

Autora

Maria Amélia de Almeida Teles é uma das idealizadoras do projeto Promotoras Legais Populares e integrante do Conselho Consultivo do Centro Dandara. É militante feminista histórica, diretora da União de Mulheres de São Paulo, autora de inúmeros artigos e livro sobre o assunto.

Resumo:

O trabalho da autora baseia-se em análise de textos e na sua própria vivência nos movimentos feministas, como um relato de uma prática. A autora divide seu texto em fases históricas compreendidas entre Brasil Colônia (1500-1822), Império (1822-1889), República (1889-1930), Segunda República (1930-1964), Terceira República e o Golpe (1964-1985), o ano de 1968, Ano Internacional da Mulher (1975), além de analisar a influência externa nos movimentos feministas no Brasil. Em cada um desses períodos é lembrado os nomes das mulheres que mais se sobressaíram e suas atuações nas lutas pela libertação da mulher. A autora trabalha ainda assuntos como as mulheres da periferia de São Paulo, a participação das mulheres na luta armada, a luta por creches, violência, participação das mulheres na vida sindical e greves, o trabalho rural, saúde, sexualidade e encontros feministas. Depois de suas conclusões, em que, entre outros assuntos tratados, faz uma crítica ao pós-feminismo defendido por Camile Paglia, indica alguns livros para leitura.

Citações:

"uma das primeiras feministas do Brasil, Nísia Floresta Augusta, defendeu a abolição da escravatura, ao lado de propostas como educação e a emancipação da mulher e a instauração da República." (p. 30)

"a mulher buscou com todas as forças sua conquista no mundo totalmente masculino." (p. 43)

"na justiça brasileira, é comum os assassinos de mulheres serem absolvidos sob a defesa de honra." (p. 132)

Comentários:

A obra traz a reflexão de que houve muita omissão sobre o passado das mulheres e sua luta pela conquista do seu espaço. Isso pode ocorrer devido ao fato de o homem querer sempre ser superior, competir e deixa sempre explicito sua força e seus méritos um tanto contestáveis.

A obra é recomendável para análises do papel da mulher na sociedade, pois contém fatos reais e um grande número de exemplos.

SUGESTÕES DE LEITURAS

Indicamos a leitura da crônica "Desenredos", de Itamar Vieira Jr., autor da famosa obra de ficção *Torto arado*. Está publicada no *Jornal Rascunho*, disponível em https://rascunho.com.br/liberado/desenredos.

Sugerimos a leitura do livro *Pedagogia da esperança*, de Paulo Freire.

Indicamos também a leitura de um texto literário, de preferência uma crônica. Sugerimos a crônica "B-E-I-J-O", de Noemi Jaffe disponível em https://noemijaffe.com.br/artigo/b-e-i-j-o.

Sugerimos a leitura do capítulo "Escrita criativa autoral e estilística da Língua Portuguesa" do livro *No espelho da Linguagem: diálogos criativos e afetivos para o futuro*, organizado por Juliana Dias, escrito por Juliana Dias e as pesquisadoras do Gecria (UnB/CNPq) Kelma Nascimento, Cris Reis, Caroline Vilhena, Sila Marisa, Vânia Sousa e Lorena Cardoso. O link para acesso da obra de 2021 é https://www.pimentacultural.com/livro/espelho-linguagem.

Sugerimos a leitura de duas dissertações de mestrado para aprofundamento no macrogênero *diário de bordo*: (i) de Gina Vieira Ponte de Albuquerque, disponível no repositório da Universidade de Brasília: https://repositorio.unb.br/handle/10482/38764; (ii) de Ana Cláudia Souza Dias, disponível também no repositório da UnB: https://repositorio.unb.br/handle/10482/42581.

BIBLIOGRAFIA COMENTADA

Paulo Freire (1989) em "A importância do ato de ler": contribui para compor uma nova abordagem da leitura da palavra no seio do contexto da leitura do mundo. Em *Pedagogia da esperança* (2012), o autor nos revela seus gestos íntimos e biográficos que tornaram sua trajetória de educador engajado com a mudança social. Essas leituras nos ajudam a enriquecer nosso repertório de pensamento crítico e criativo em relação à leitura dos textos acadêmicos.

João Wanderley Geraldi (1997) no livro *O texto em sala de aula* traz um panorama das práticas críticas de linguagem como foco em exercícios de pensamento de militância e de divulgação. Faz parte da Coleção Leituras no Brasil publicada pela editora Mercado de Letras.

RESUMINDO O CAPÍTULO

Neste capítulo, vimos que a leitura da palavra se constitui em relação dialética com a leitura de mundo. Dialogamos com Paulo Freire e aprendemos a nos distanciar do fenômeno da leitura e da escrita para observar e materializar com criticidade e consciência o contexto que nos circunda nestes dois atos pedagógicos e políticos. Conhecemos o gênero textual dialógico chamado *Protocolo de leitura*, em que superamos a prática do fichamento, inserindo o/a leitor/a como parte protagonista da leitura. Aprendemos sobre a importância das biografias dos/as autores/as dos textos que lemos na universidade e fora dela e caminhamos através de trechos da história de vida de Paulo Freire e Elza, enfocando três gestos: as perguntas frescas; as "histórias medicinas" e a conjugação do verbo esperançar. Aprendemos a fazer fichamento e comparamos as diferenças de qualidade das leituras geradas com base em protocolos e em fichamentos. Com este capítulo, continuamos nossa jornada da autoria, resgatando a força de nossas *palavrasmundo* e realçando a relevância das biografias na vida de quem escreve como material contínuo e dinâmico de inspiração. Escrevemos por meio de três exercícios e agora vamos guardar esses textos para desengavetá-los' no próximo passo da jornada.

Tempo da partilha: leitura e escrita em três gestos – impulso, intuição e pulsação

Paulo Freire (1989) refletiu, a partir de um viés crítico, reflexivo e biográfico, sobre a importância do ato de ler, como vimos no capítulo anterior, e nos conduziu à compreensão de que a leitura da palavra não pode estar dissociada da leitura de mundo, que ler é ato político, que texto e contexto estão em constante interação e se prendem dinamicamente através de forças de significado e de constituição do mundo. Paulo Freire foi resgatando sua infância e, em seu modo de dizer, esse gesto foi 'gostoso', pois ele se permitiu 'reler' momentos guardados de sua prática, assim como fizemos com pontos de sua biografia adulta ao lado de Elza e com nossas próprias histórias em nossos memoriais.

Se observarmos o modo como Paulo Freire construiu suas reflexões sobre a importância do ato de ler, vamos perceber que ele instaura dois importantes movimentos do pensar: (i) uma postura fenomenológica de quem se diferencia do fenômeno e se coloca em uma **atitude de observação atenta e engajada**; em suas palavras: "ia tomando distância dos diferentes momentos em que o ato de ler se veio dando na minha experiência" (1989: 9); (ii) uma **postura criativa** de quem, ao revisitar memórias, se propõe a assumir gestos ativos de consciência e de compromisso com o re-criar, com o novo; em suas palavras: "neste esforço a que me vou entregando, re-crio, e revivo, no texto que escrevo, a experiência vivida no momento em que ainda não lia a palavra" (1989: 9).

Com o ato de escrever não acontece muito diferente. Vamos propor, neste capítulo, a instauração desses dois movimentos freirianos em relação ao ato de escrever. Vamos construir um novo olhar que nos faça pensar sobre a importância do ato de escrever de forma inspirada em Paulo Freire quando ele nos fala sobre a importância do ato de ler.

Os dois movimentos vão ser muito importantes nessa proposta: precisaremos assumir uma postura de **distanciamento e de estranhamento** em relação à nossa própria história de escrita (incluindo a fase de alfabetização e toda a trajetória escolar da infância e da adolescência) e vamos nos dedicar ao **re-criar,** ao **re-ver,** ao **re-contar**, ajustando o olhar para a transformação da nossa autoria.

EXERCÍCIO 1 – REFLEXIVIDADE

Leia o conto a seguir e faça as reflexões propostas em seu diário de escrita.

> Era uma vez um rico fidalgo que cortejou uma moça pobre, mas muito bonita, e conquistou seu afeto. Com ela teve dois filhos, mas ele não se dispôs a se casar com ela. Um dia, comunicou que estava indo para a Espanha casar-se com uma moça rica, escolhida por sua família, e que levaria seus dois filhos com ele. A jovem mãe ficou fora de si. Enfurecida, arranhou o rosto do homem e o seu próprio rosto. Apanhou os dois filhos pequenos e se jogou com eles na correnteza de um rio. A alma da mulher subiu aos céus. Lá, o porteiro-mor avisou que ela só poderia entrar depois de resgatar os filhos. Por isso dizem que, quando anoitece, as crianças não podem ficar nas margens dos rios. A La Llorona pode confundi-los e levá-los para o céu.

Essa é a lenda de La Llorona, descrita por Clarissa Pinkola Estés no livro *Mulheres que correm com os lobos* (2018) e trata da vida criativa da mulher, a qual, aqui para esta proposta reflexiva, será considerada como a vida criativa de qualquer pessoa. La Llorona representa a mulher/pessoa que tem sua vida criativa 'contaminada', que se perde da sua criação, que interrompe sua criatividade. É quando a pessoa cuja "vida criativa está definhando, vivencia, como La Llorona, uma sensação de envenenamento, de deformação, um impulso para acabar com tudo. Em seguida, ela é levada a uma procura aparentemente interminável do seu potencial criativo original, em meio aos destroços" (2018: 227). Estés continua:

> Para criar é preciso que sejamos capazes de nos sensibilizar. A criatividade é a capacidade de ser sensível a tudo que nos cerca, a escolher em meio às centenas de possibilidades de pensamento, sentimento, ação e reação, e a reunir tudo isso numa mensagem, expressão ou reação inigualável que transite ímpeto, paixão e determinação. Nesse sentido, a perda do nosso ambiente criativo significa que nos encontramos listadas a uma única opção, que fomos despojadas dos nossos sentimentos e pensamentos, ou que os reprimimos ou censuramos, sem agir, sem falar, sem fazer, sem ser.
>
> O rio não começa já poluído; isso é nossa responsabilidade. O rio não fica seco; nós o represamos. Se quisermos lhe permitir sua liberdade, precisamos deixar que nossa vida ideativa se solte, corra livre, permitindo a vinda de qualquer coisa, a princípio sem censurar nada. Essa é a vida criativa. Ela é composta do paradoxo. Para criar, precisamos estar dispostas a ser rematadas idiotas, a nos sentar num trono em cima de um imbecil, cuspindo rubis pela nossa boca. Só assim o rio correrá, e nós poderemos nos postar na correnteza. Podemos estender nossas saias e blusas para apanhar o que pudermos carregar. (2018: 236)

Proposta de escrita: escreva por dez minutos sem parar a partir da seguinte pergunta: **Quais venenos contaminam o meu rio de palavras próprias?**

Segundo Bakhtin (1981: 226), é preciso reconhecer, em nós, as palavras do outro que são assimiladas ("pessoal-alheia"), as quais se renovam por nossa própria força de consciência, a partir da nossa força criativa; e é preciso reconhecer as palavras do outro que são inertes, mortas, "palavras-múmias" e descartá-las. Como diz o próprio Bakhtin (1981: 386):

> A palavra do outro deve transformar-se
> em palavra min.ha-alheia (ou alheia-minha)

A IMPORTÂNCIA DO ATO DE ESCREVER

Ao escrever, vivenciamos um deslocamento da nossa interioridade para exterioridade; vamos do gesto da escrita para o gesto da leitura e voltamos, mais uma vez, para a (re)escrita. Assim, vivenciamos um movimento de ir e vir entre os atos de escrever e de ler.

Escrever é revelar o que vai dentro do nosso mundo interno, e só vamos saber o que vai dentro quando escrevemos, pois se trata de um conhecimento que se completa com essa passagem do 'dentro' para o 'fora'. Nas palavras de Natalie Goldberg (2008), no livro *Escrevendo com a alma*:

> Muitas vezes, ao observar os alunos escrevendo na sala de aula, sou capaz de distinguir quais deles estão realmente presentes, de corpo e alma, naquele momento. Eles se mostram mais intensamente envolvidos na tarefa e exibem uma postura corporal mais relaxada. Mais uma vez é como na corrida. Todo o seu ser está em movimento: o "eu" não se separa do corredor. Quando estamos realmente presentes ao escrever, não existe escritor, papel, caneta, pensamento. Só o escrever acontece – todo o resto desaparece. (2008: 20)

O ato de ler e de escrever (as palavras e o mundo) forma a base fundamental para se conhecer a vida, a sociedade e o "eu" próprio. Assim como a leitura do mundo vem antes da leitura da palavra, e sempre está imbricada nesta, escrever a palavra, com marcas de autoria, exige de quem escreve uma postura ativa, própria de uma pessoa que se engaja, age e transforma o mundo. Escrevemos o mundo, escrevemos nossos dias, escrevemos nossos desejos, nossas crenças, nossas vontades e nossas ideologias todos os dias quando vivemos nossas vidas. É preciso ampliar esse olhar para o que é *escrever*, o que é ser *autor/a*, a fim de que possamos ter mais consciência das escolhas que fazemos.

Quando nos dispomos a escrever (seja em sentido estrito ou amplo), o que é desconhecido se revela através de nossas palavras e ações. Quando nos dedicamos à tarefa de escrever textos, podemos observar como nossas palavras, que brotaram da nossa interioridade, afetam o outro.

Natalie Goldberg fala que um dos objetivos da prática de escrever é "aprender a confiar na sua mente e no seu corpo; tornar-se a cada dia mais paciente e menos agressivo" (2008: 20). Quando levamos a sério o ato de escrever, corremos riscos, treinamos nossa vulnerabilidade, precisamos ter disciplina e coragem para mostrar nossos textos para os outros. Em termos mais profundos, significa engendrar o movimento do *tendo-sido* para o movimento do *ainda-não*, para dialogar com Jean-Godefroy Bidima, filósofo camaronês, no seu artigo "Da travessia: contar experiências, partilhar o sentido". Em suas palavras: "A travessia se ocupa dos devires, das excrescências e das exuberâncias, ela diz de quais plurais uma determinada história é feita" (2002: 5).

É infinitamente mais simples aprender a escrever textos de acordo com a visão estreita que é a mais treinada na vida escolar e acadêmica. Nela, aprendemos a manejar mecanismos textuais de paráfrases e citações, diretas e indiretas, e vamos copiando, colando e parafraseando aqui e acolá para compor o que chamamos de texto: um amontoado de palavras alheias, um texto 'frankstein', sem autoria, sem vida. E, infelizmente, o que mais fazemos na trajetória acadêmica é escrever textos assim e ler textos parecidos com este tipo, com alguns graus de sofisticação.

EXERCÍCIO 2 – REFLEXIVIDADE

Material de autoanálise e autocura: você pode escrever em seu diário de bordo as frases que ouve/ouviu no interior de sua mente enquanto você escreve/escrevia ou enquanto você lê/lia o que escreveu. Esse é um recurso de **consciência linguística crítica autoral**.

Para liberar sua escrita original, autoral e criativa, você precisa de coragem para enfrentar aquela "voz interna" que te atrapalha e que é marcada por julgamentos, como: "você não sabe mesmo escrever"; "tudo o que você escreve é ruim, não merece ser compartilhado", entre outras frases assim.

METODOLOGIA DOS TRÊS GESTOS

Raimundo Carrero nos fala sobre o processo criativo da escrita a partir de quatro lentes: impulso, intuição, técnica e pulsação. Nós vamos utilizar essas facetas de modo mais integrado: vamos considerar apenas três: **impulso, intuição** e **pulsação**, de modo que a técnica está presente em todas essas etapas. Importante dizer que não se trata de um percurso linear, mas, sim, de uma jornada de escrita que vai entremeando as lentes de Carrero, as quais passaremos a chamar de **gestos** da escrita.

Para Raimundo, a inspiração não é algo que "cai do céu", mas que é impulsionado por nós mesmos/as a partir de nossa ação, ou seja, a partir da escrita. O impulso pode surgir, segundo as pesquisas desenvolvidas pelos/as pesquisadores/as do Gecria, a partir das técnicas de desbloqueio. Você já conheceu a escrita espontânea. Vamos vivenciar mais uma dinâmica de desbloqueio: a escrita com restrição.

EXERCÍCIO 3 – Atividade

1. Escolha alguns binômios fantásticos que você criou no primeiro capítulo. Relembrando como criar binômios fantásticos: escolher dois substantivos e dois adjetivos aleatoriamente em um romance/livro qualquer. Escolha palavras não usuais e faça pares 'estranhos', como: escândalo murcho, sintonia amarela, sandálias pálidas, por exemplo.
2. Escreva 20 linhas (escrita espontânea, ou seja, sem parar) sobre *felicidade* usando esses dois pares de grupos nominais e sem usar nenhuma palavra do campo lexical *felicidade* (esse exercício foi inspirado em propostas da Noemi Jaffe; sugerimos que visitem o site do espaço A Escrevedeira).

Ao escrever com qualquer restrição, acionamos em nosso processo criativo uma atenção diferenciada para o impulso do escrever. Deixamos de viver o bloqueio diante de uma folha em branco e passamos a nos concentrar na tarefa, na restrição e, desse modo, as palavras passam a ser o meio e o fim. Vamos ver o início de um texto escrito através dessa proposta de exercício.

Sandálias

Rosa mexia a colher de pau em círculos constantes pela beira de um tacho de cobre. Eu já sentia o perfume do figo cozido e esperava sentada em um tamborete alto de madeira ao lado do fogão. Eu, com meus oito anos de idade, era a companhia mais curiosa que minha vó poderia ter. Ansiava pelo doce com queijo mineiro e pelas histórias daquela mulher com corpo já modelado pelo eterno avental florido. Seus olhos quase sempre acesos e interessados pela vida. Suas mãos e braços estampavam muitas manchas nascidas do encontro do Sol com o tempo, ela dizia. Rosa andava de um jeito firme como que para espantar o cansaço. Nos pés, o mesmo calçado de ontem, parecia ter sido usado por sua mãe e por todas as suas ancestrais. Sandálias pálidas. Talvez para compensar o colorido de sua face quando lidava com o jardim e o lenço sempre novo na cabeça.

(Por Juliana Dias)

Ao praticarmos esses exercícios de impulso na escrita, vamos acessando, pouco a pouco, experiências de *desnudamento* de si mesmo, de reencantamento na escrita. Para isso, é preciso superar os estágios de desconhecimento, de perda de caminho, de reconhecimento. Para impulsionar a nossa escrita é preciso não ter medo de correr riscos e nem de enfrentar as dificuldades que esses riscos implicam.

Quando escrevemos a partir de exercícios do gesto **impulso**, precisamos tomar uma atitude distanciada do texto; precisamos nos separar do que escrevemos; o texto passa a ser material de pesquisa de si mesmo/a e, para tal, é necessário acessar uma nova postura em relação ao texto. É preciso ter menos apego e diminuir a identificação com suas palavras escritas: você não é seu texto, seu texto não é você. Essa atitude vai nos encaminhar para o próximo gesto que é o da leitura analítica, do foco na linguagem e nas escolhas estilísticas, ou seja, o gesto da **intuição**.

Nessa nova fase, é preciso exercitar técnicas de reescrita e tornar a leitura mais demorada, mais enigmática, sustentando o tempo muito mais longo que essas escolhas exigem (tanto para criação como para leitura). Antes de passarmos para o próximo gesto, vamos deixar com vocês uma lista de exercício de restrição:

EXERCÍCIO 4 – ATIVIDADE/REFLEXIVIDADE

1. Escreva por dez, quinze ou trinta minutos sem parar (escrita espontânea), a partir das seguintes restrições (escolher uma delas para cada texto):

    a. todas as frases com o verbo saber;
    b. escrever sem os 'que';
    c. escrever sem 'a';
    d. escrever sem as iniciais do nome;

e. escrever sem verbo;

f. só usar diálogos;

g. usar apenas os verbos ser e ver.

2. Escreva em seu diário de bordo sobre como foi escrever um texto com restrição: o que você sentiu? Esta dinâmica contribuiu para seu desbloqueio ou não? Dialogue com outro/a colega que fez este mesmo exercício.

No gesto da intuição, tocamos a 'pele' do texto. Já deixamos a alma do nosso texto sair no gesto do impulso, e agora nos encontramos com o desafio da expressão. Como reler o que escrevemos espontaneamente e como prosseguir, através da reescrita, para aperfeiçoar o texto? Essa é a pergunta-chave desse gesto. Nele, nos dedicamos ao estudo da estilística, à criação do que chamamos de consciência estilística. Pensando no dueto leitura/ escrita, nesta etapa nos dedicamos à leitura analítica e crítica dos textos que escrevemos. Raimundo Carrero nos lembra de que somos os primeiros leitores de nossos textos. Ao menos, deveríamos ser.

Em nossa cultura escolar, costumamos entregar a primeira versão do texto para o/a professor/a (entregamos, no máximo, a segunda versão, apenas com revisão gramatical) e pronto! Consideramos nosso texto finalizado. Quantas vezes fomos perseguidos por uma curiosidade imensa de saber o que o/a professor/a achou do nosso texto. Geralmente, essa atitude ocorre quando nos engajamos na escrita do texto. É muito comum vivenciarmos a frustração de não recebermos de volta comentários realmente produtivos para a melhoria dos nossos textos, não é mesmo? Como fazer para "subir essa escada" da autoria? Como desenvolver esse aprendizado da escrita se não recebemos as "preciosas" orientações docentes, registradas em nossos próprios textos?

Vamos falar para você sobre como vivenciar seu próprio processo de aperfeiçoamento do texto a partir desse gesto da intuição, tomando como passos metodológicos os exercícios deste livro. É importante partilhar nossos textos com pessoas que consideramos ter uma escrita melhor que a nossa? Sim, é muito importante. Todavia, se isso não for possível no seu ambiente acadêmico ou escolar, você ainda assim tem algumas opções viáveis para viver e aprofundar o gesto da intuição linguística na reescrita do seu texto.

Sugerimos que você procure grupos de escrita, se reúna com amigos/as e inaugure espaços de trocas de leitura e de escrita em horários extracurriculares; sugerimos também que use redes sociais, site, blogs para publicar seus textos e observar como as pessoas reagem diante dos seus escritos. Você pode participar de oficinas de grupos de escrita e autoria criativa do Gecria (ver site www.autoriacriativa.com) para se inspirar e constituir ou se filiar a redes de aprendizagem de escrita que sejam seguras, confiáveis e acolhedoras (ao mesmo tempo, desafiadoras no sentido de te conduzir a mudanças na escrita). Veja o exemplo deste processo de escrita (com primeira versão e duas versões reescritas em contextos de comunidades).

> O DESERTO é vazio. Pode ser multidão. Suas lacunas liberam o que está preso em mim. Desengasgo. Preencho-o com o que está em mim. Percebo que mesmo sozinha nele, eu não sou solidão. Torno-me deserto para outros preenchimentos. Sinto o vento. Sou um grão de areia e sou multidão. Desertidão.

> (Por Keithe Hamid)

> **Reescrita 1 (sugerida por Juliana Dias):**
> Sou um grão de areia.
> Sou multidão.
> Desertidão.

> (Por Keithe Hamid)

> **Reescrita 2 (sugerida pela Sila Marisa):**
> Decerto o deserto é vazio.
> Decerto o deserto é multidão.
> Decerto.
> Desertifico a palavra,
> para que o ser deserto
> permita outros preenchimentos.
> Desertidão.

> (Por Keithe Hamid)

Vamos, a seguir, falar um pouco do caminho que desenvolvemos para que você possa ser o/a zelador/a da sua própria reescrita.

O ATO DE REESCREVER

Re-escrever é ler e re-ler o que se escreveu, não com o objetivo estreito de encontrar erros, mas com o objetivo de cortar palavras. Vamos fazer isso na prática: resgate um dos textos autorais que você escreveu nos capítulos anteriores e corte dez palavras. Leia de novo e perceba se surgiu a necessidade de modificar algo no texto, como pontuação, coesão, tempo verbal... Agora corte mais dez palavras. Corte todos os artigos definidos e veja como fica (Não ficou bom? Coloca de volta). Corte todos os "que" do texto e reorganize as estruturas frasais: como ficou? Mais leve? Mais fluido? Continue nesse jogo e corte tanto até chegar ao "sumo" do texto e escreva um haicai ou um poema breve. Olhe para tudo o que você fez e lembre-se: nenhuma dessas versões deve ser descartada, não por enquanto. Elas fazem parte desse processo de criar e você deve ter atenção aos movimentos linguísticos e estilísticos que foram gerados pelo simples ato de cortar palavras.

Agora apenas se observe: foi difícil ou foi fácil para você cortar essas palavras? Como você se sentiu? Sentiu que foi divertido cortar e ver a versatilidade do seu texto? Ou ficou apegado/a e sofreu um tanto para cortar algumas poucas palavras? Todas essas respostas são revelações do seu próprio processo autoral; elas trazem qualidades de quem é você como autor, como autora. Importante dizer que as polaridades estão aí para serem superadas. O que queremos dizer com isso? Que tanto o excesso de medo de cortar quanto a atitude totalmente desprendida (do tipo, "não estou nem aí para isso, corto de qualquer jeito") são atitudes que não contribuem nem para a ampliação nem para o aprofundamento de sua consciência autoral.

Esse exercício deve ser demorado, exige dedicação e tempo da sua parte. Todos os pensamentos, sentimentos e ações que surgem dessa vivência de reescrita são materiais muito ricos sobre quem é você como escritor/a e em que momento você se encontra na jornada da escrita. Escrever clama por libertação e reescrever exige compromisso com seu próprio processo. Esse gesto faz parte de uma educação engajada crítica e compromissada com o amor como prática de liberdade, nos moldes do que preconizou bell hooks, professora e escritora decolonial. Nas palavras da pensadora:

As pessoas querem saber como começar a prática de amar. Para mim, é onde a educação para a consciência crítica deve entrar. Quando eu olho para a minha vida, procurando por um plano que me ajudou no processo de descolonização, de autorrecuperação pessoal e política, sei que foi aprendendo a verdade sobre como os sistemas de dominação operam, aprendendo a olhar para dentro e para fora, com um olhar crítico. A consciência é central para o processo de amor como a prática da liberdade. (hooks, 2013: 7)

Reescrever é se abrir com atenção para encontrar lugares outros na escrita que ainda não visitamos. Precisamos de outra lógica temporal; ou não lógica temporal, como diria Boaventura Santos (2010) com sua ecologia das temporalidades. Para superar um modo dominador, injusto, colonial que marca o ato de escrever, precisamos nos entregar a um outro modo de ser, de pensar e de sentir. Nesse sentido, passamos a deixar o texto 'dormir', e dormimos junto com o texto, para que nossas ideias 'coagulem' junto com nosso sangue, durante a noite, como diz Rudolf Steiner, e para que possamos criar um pensar vivo em nós. Assim, nos abrimos para perspectivas desconhecidas em nossos textos e também em nossas vidas. O ato de escrever não está dissociado do ato de viver para quem escreve e se dedica a escrever.

Não adianta falar de reescrita com a lente do corretor/a de textos. Não estamos buscando, nesse gesto da intuição, corrigir texto, mas, sim, reescrever e recriar texto. Procuramos respeitar os erros, deixar com que eles "digam a que vieram"; aprendemos, sob essa perspectiva, a olhar de um jeito diferente para incoerências, repetições destoantes, paralelismos rompidos, metáforas infantis... vamos enxergando cada pontinho do nosso texto e vamos buscando compreender o papel deles ali. Passamos não só a respeitar, mas também a amar as margens, os buracos, os erros, as frestas, como nos diz Noemi Jaffe.

Vamos fazer uma análise de uma reescrita? O trecho a seguir foi escrito no Laboratório de Criação do Gecria por uma pesquisadora da nossa rede. Ele está transcrito aqui tal qual foi produzido, em sua primeira versão, em uma dinâmica de escrita espontânea:

Estava pronta. **Sentia-se bonita mais do que as outras vezes. Nem sabia mesmo o porquê, mas esse era daqueles dias que a alegria invadia o amanhecer.** Sol estava radiante, sentia-se o próprio astro **do qual**

recebera o nome. Brilhariam juntos. Quem poderia impedir? Quem disse que não conseguiria? Tantas perguntas **a se misturarem a essa** disposição pujante. **Tinha nascido para brilhar e via nessa oportunidade o início de um sonho repleto de** conquistas e vitórias, alegrias e mais alegrias, **só alegria**!

(Por Kelma Nascimento)

O trecho tem 81 palavras, das quais cortamos 49. Destacamos em negrito os trechos que foram cortados e agora podemos nos deter em alguns deles para entender as escolhas e os ajustes na reescrita. Antes disso, veja como ficou a reescrita, anote em seu diário as principais mudanças e registre o que você achou desses cortes e de como ficou o texto reescrito em comparação com a primeira versão.

Estava pronta. Sol estava radiante, e ela se sentia o próprio astro, seu nome. Brilhariam juntos. Quem poderia impedir? Quem disse que não conseguiria? Tantas perguntas em meio a uma disposição pujante. A quase mulher via nessa oportunidade o início de suas conquistas, de suas vitórias... seriam alegrias e alegrias!

Uma constatação que podemos fazer é a mudança do foco narrativo: na primeira versão, temos a presença de um narrador que olha para a mulher e diz como ela se sente, como está o sol, como ela via a oportunidade daquele dia. Na segunda versão, a impressão que temos é de que a própria mulher assume a voz do texto e, por meio de um discurso indireto livre, vamos nos inserindo dentro do seu fluxo de pensamentos, de seu mundo de desejos e sonhos. Alcançamos essa mudança de perspectiva apenas com os cortes.

Viram como cortar é um mecanismo muito poderoso na reescrita dos textos?

EXERCÍCIO 5 – ATIVIDADE

Experimente fazer isso com um texto acadêmico: se proponha a escrever por dez minutos sem parar sobre alguma leitura teórica que você fez. Em vez de treinar escrever paráfrases e críticas sobre o texto lido, experimente escrever livremente sobre o que leu, que reflexões você fez, quais são as associações que sua mente fez com suas outras leituras e com sua experiência de vida... Depois guarde este texto e, no dia seguinte, corte metade das palavras. Agora, sim, você pode começar a escrever seu trabalho para a universidade.

Vamos ver mais um exemplo de reescrita?

> Versão 1 – Como essa cor é bonita, pensava admirando o quão intenso o vermelho do cabelo da boneca ficava refratado. Vermelho esse contrastado com o ambiente tão simples e cor de cimento que era o quintal de sua casa.

> Versão 2 – Admirava o vermelho do cabelo da boneca refratado no ambiente cor de cimento, quintal de casa.

Nesse trecho, cortamos o começo e escolhemos focalizar diretamente a primeira imagem que o texto evoca: a cor vermelha do cabelo da boneca. Essa forma simples e direta na escrita é uma grande qualidade e precisamos treinar para trazer esse movimento na nossa (re)escrita, uma vez que o aprendizado escolar de textos nos ensina quase sempre o contrário: escrever muito e dizer pouco; escrever o mais abstrato possível e não ser nada concreto.

Esse modo de considerar a escrita e a expressão das ideias em textos faz parte de um modo de ver o mundo sob a ótica colonial que impera nas ciências humanas ainda hoje. Em algum momento, na construção das epistemologias, foi determinado (ou seja, foi ideologicamente determinado) que quanto mais a teoria estiver apartada da prática, tanto mais científico é o pensamento. Esse equívoco configurou e configura o pensamento das ciências sociais e deve ser superado.

Essa é uma tarefa atual: superar a cisão entre o pensar teórico (abstrato) e o pensar prático (concreto). Podemos começar a fazer isso quando escolhemos *mostrar* em vez de *dizer*, quando deixamos lacunas imagéticas para que o/a leitor/a complemente os significados propostos nos textos, participando ativamente da construção da coerência do texto, da intencionalidade e de tantos outros fatores de textualidade. Um texto só é um texto se, de fato, ancora a interação entre pessoas que se encontram no limiar entre o ato de ler e o ato de escrever. Leitura criativa clama por escrita autoral. Escrita criativa necessita de abertura para o/a outro/a em mim.

Queremos ainda chamar atenção para o corte feito ao final do trecho reescrito: "ambiente tão simples e cor de cimento que era o quintal de sua casa", que se transformou em "no ambiente cor de cimento, quintal de casa". Observem o efeito estilístico que o corte do trecho "que era", substituído tão somente pela vírgula provocou na leitura do texto. Veja que não é necessário explicar que o ambiente é simples, basta evocar essa simplicidade através da própria linguagem concisa.

Noemi Jaffe nos apresentou um miniconto da escritora Lydia Davis que traz exatamente este contraste entre a linguagem simples, concisa e precisa e a emoção do vazio que a perda do cachorro provocou. Veja um trecho do miniconto:

O pelo do cachorro

O cachorro se foi. Temos saudades dele. [...] Catamos todos os pelos que encontramos. Deveríamos jogar tudo fora. Mas é só o que nos resta dele. [...] Temos uma esperança irracional – a de que se conseguirmos juntar bastante pelo, conseguiremos remontar o cachorro pelo a pelo. (Lydia Davis, 2017:16)

Observe o contraste entre a falta de emoção e o mundo interno repleto de dor. Se nos atentarmos às frases, vemos a predominância de frases em estilo direto e simples. É possível observar também o contraste gramatical e ficcional: simplicidade na linguagem/brevidade do conto *versus* narrativa imediata, que nos convoca a sentir/empatizar e toca na irracionalidade, gerando emoção. No gesto da intuição é preciso atenção a todas essas nuances da escrita e da reescrita.

Passamos a nossa vida escolar inteira criando uma espécie de piloto automático para escrever textos, o qual, na maior parte das vezes, nos faz chegar até o final do ensino médio com sentimento de insegurança na nossa escrita autoral. É necessário abandonar esse piloto automático se quisermos nos conhecer como autores/as de nossos textos. Como fazemos isso? Aprendendo os limites da nossa escrita, do nosso corpo, do nosso conhecimento.

É preciso deixar o texto livre, não ter medo de mexer, trocar frases de ordem; começar o texto, por exemplo, durante a fase da reescrita, pela última frase da primeira versão, cortar e cortar, tudo isso amplia nossa consciência estilística. Chamamos de intuição porque colecionamos as leituras de autores/as que admiramos e que nos inspiram; temos nossas notas e registros de pesquisa de si nos diários de bordo (nossas autoetnografias do ato de escrever) e podemos acessar os conhecimentos gramaticais já acumulados nos saberes escolares.

Com todo esse arsenal de saberes, podemos confiar e liberar nosso texto do primeiro formato que ele tomou. Podemos desfazer quase tudo, mexer muito, brincar e depois reconstruir, recriar, repontuar, reescrever... Essa atitude, ao mesmo tempo livre e comprometida, é que vai guiando uma boa reescrita.

A escritora Cris Reis respondeu à pergunta "O que significa reescrever?" no livro *Autoria criativa: por uma pedagogia da escrita criativa*. Ela diz assim:

> Mas, o que significa reescrever? É tornar a escrever. É ver e rever mais uma vez aquilo que a distração nos tirou. É descobrir o que já estava lá, mas não tínhamos percebido. É ter de volta as infinitas possibilidades que a escolha de cada palavra expressa. Ao escolher uma palavra, você desiste de outra. Ao escolher um verbo e não um substantivo, você está escolhendo o movimento e não a observação. É a oportunidade de reler memórias, acontecimentos, sentimentos e verificar o que está sendo repetido, se há algo que já está situado num padrão de comportamento que nem começou em você. É a chance de colocar ali naquela folha em branco outras palavras que expressem quem você é e não o que outras pessoas dizem que você é. É a hora de identificar palavras, cortar algumas outras, sentir como o texto é construído por meio da sua escolha linguística consciente. (apud Dias, 2021: 75)

EXERCÍCIO 6 – REFLEXIVIDADE

E para você, o que significa reescrever? Faça uma escrita espontânea (durante sete minutos) respondendo a essa questão, após realizar, no mínimo, três reescritas de textos.

A professora e pesquisadora Ulisdete Rodrigues investigou a reescrita com ênfase no olhar dos/as alunos. O texto se chama "O reencontro com o texto: reflexões emergentes da prática da reescrita na Universidade de Brasília" e faz parte das pesquisas realizadas pelo Laboratório de Prática de Textos da UnB. Ulisdete focaliza o momento em que o/a estudante reencontra com seu texto, após os comentários e a avaliação do/a professor/a ou do/a tutor/a. Ela diz assim:

> Na etapa da escrita, pude notar o quanto os estudantes ficavam absortos em seus conhecimentos, suas elucubrações, na tarefa de escrever o texto, de expor as ideias fundacionais. Essa tarefa imposta pela escrita sobre "o que dizer" e "o como dizer" envolvia o grupo completamente. Nesse momento quase mágico e inquisidor, no qual se deparavam com a folha em branco a lhes desafiar tal qual a esfinge "decifra-me ou te devoro", percebi muita preocupação, mas, também, muita vontade de começar a escrever o texto. [...] Na etapa da reescrita há o reencontro com o texto. Esse momento transcorria cercado de expectativa e inquietação. Ao reencontrarem o texto, alguns estudantes achavam interessante revê-lo, outros reagiam com certo estranhamento. Alguns achavam engraçado encontrar o texto assinalado e comentado, enquanto outros ficavam nervosos por causa disso. Mas, de modo geral, todos gostavam de ver seu texto marcado, comentado, corrigido pelo tutor ou professor. Nesse momento ímpar, eles se davam conta de seu contrato com o texto, de sua capacidade de alterar a rota significativa e os eixos estruturantes do que haviam escrito. Esse era o momento de reler o texto, discutir com o colega, professor ou tutor, rever e avaliar estratégias discursivas etc. Esse momento apontava para a expansão semântica e linguística do texto. Parafraseando o provérbio latino *Qui scribit, bis legit* "quem escreve, lê duas vezes", era hora de escrever duas vezes e de refletir muito mais ainda. Reflexão entendida como processo profundo e contínuo de pensar, meditar, de propor alternativas e possibilidades de mudança. (Rodrigues, no prelo)

E para você, como é o reencontro com seus textos? Faça uma breve reflexão sobre essa pergunta em seu diário de bordo.

EXERCÍCIO 7 – ATIVIDADES

Tarefas de reescrita:

1. Retire os verbos para enxergar a cena (ao retirarmos os verbos do texto, suprimimos a temporalidade e isso nos leva a visualizar as imagens que compõem nossa escrita).

2. Corte 20 palavras de um texto autoral, escrito através dos nossos exercícios ou não e re-pontuar (o corte de palavras exige uma nova pontuação de textos). Verificar e anotar no diário de bordo o que aconteceu com o texto depois dos cortes e da nova pontuação (utilize reticências, exclamações, transforme uma frase afirmativa em uma pergunta).

3. Corte a maior parte das palavras até chegar à 'alma' do texto. A partir do que sobrou, escreva um poema ou dois poemas.

4. Depois de cortar 20 palavras, escolha uma frase impactante e começar com ela. Utilize essa frase como mote do texto e repeti-la no início de cada parágrafo. Deixe o final em aberto, com uma pergunta.

Chegamos finalmente ao último gesto, lembrando que eles se movimentam de modo dinâmico: um ir e vir em forma espiral, o que significa que vamos vivenciado os três gestos de modo integrado e contínuo, de maneira que, cada vez que passamos por um deles, estamos em um ponto diferente da jornada (por isso, a imagem do espiral é apropriada).

Impulso, **intuição** e **pulsação** são processos simultâneos e podem ser metaforizados como **a alma**, **a pele** e **o corpo do texto**; todos convivem juntos, de modo integrado e, muitas vezes, precisamos dar atenção para cada parte separadamente, o que não significa que elas se separem do todo para que isso seja feito.

Desse modo, temos o impulso (dinâmicas de desbloqueio), a intuição (consciência estilística, linguagem e reescrita) e chegamos à pulsação, que é o momento em que nossa autoria flui de modo muito peculiar e integramos, na nossa escrita, os ritmos alternados e conscientes: ora aceleramos o dizer e a proposição das ideias, ora desdobramos devagar cada ideia que foi anunciada e vamos tecendo associações e reflexões de forma mais profunda.

Esse fluxo criativo e autoral também se expressa em escolhas linguísticas bem internalizadas: sabemos o momento de inserir adjetivações ou advérbios (binômios fantásticos) e o momento de não fazermos isso, com base em nossa escolha consciente em nos comprometermos mais ou menos com o que está sendo expresso.

Outro exemplo prático dessa etapa é quando usamos mecanismos estilísticos da linguagem de forma intencional, como um uso metafórico em determinado trecho, a repetição de um substantivo ou de uma frase ao longo do texto, a inversão da ordem sintática e a seleção precisa das palavras (início de parágrafo, final de cada parte etc.). Quando alcançamos a pulsação, nos conectamos com a **respiração do texto** e estamos alinhados à nossa identidade escritora e à nossa autoria criativa. Temos, enfim, o sentir, o pensar e o querer em conexão.

MEMÓRIA, OBSERVAÇÃO E SENTIDOS

O tempo de partilha pressupõe a prática da escrita em redes. Sugerimos que você se conecte a pessoas que gostam de escrever e que abram, juntos, grupos de escrita para que as partilhas dos textos sejam dinâmicas, para que a escrita faça sentido e para que o olhar do outro, a leitura do colega seja como um espelho para nossa própria escrita.

Quando estamos em comunidades de escrita, nos permitimos recriar as vozes internalizadas que abafam a nossa escrita, pois nos investimos da coragem de escrever e de ler (partilhar) o que escrevemos. Para bell hooks (2013: 7), "essa partilha ajuda estudantes a pensar criticamente, formando assim um caminho para o saber". Em suas palavras:

> Se descobrimos em nós mesmas/os auto-ódio, baixa autoestima ou um pensamento branco supremacista interiorizado e os enfrentamos, podemos começar a curar. Reconhecer a verdade de nossa realidade, tanto individual como coletiva, é uma etapa necessária para o crescimento pessoal e político. Este é geralmente o estágio mais doloroso no processo de aprender a amar – o que muitas/os de nós procuram evitar. Novamente, uma vez que escolhemos o amor, instintivamente possuímos os recursos interiores para enfrentar essa dor. Movendo inteiramente a dor para o outro lado, encontramos a alegria, a liberdade de espírito trazidas por uma ética do amor. Escolhendo o amor, também escolhemos viver em comunidade, e isso significa que não temos que mudar apenas por nós mesmas/os. Podemos contar com a afirmação crítica e diálogo com companheiras/os andando por um caminho semelhante.

Sugerimos que nesses encontros você tenha sempre alguém para coordenar a dinâmica da escrita proposta, e que o foco do trabalho seja no ato de escrever na temporalidade do encontro e no compartilhar o que escreveram em seguida.

Uma técnica que ajuda muito é o movimento de "pescar palavras" dos textos lidos nas rodas. O momento de ouvir o texto do colega é uma oportunidade de aprimorar a escuta sensível, a atenção aos detalhes do texto, o desenvolvimento do respeito pelo texto do outro e uma forma de criar vínculos mais profundos com o grupo. É possível, inclusive, usar os exercícios deste livro como inspiração para criação de novas atividades.

"Pescar palavras" do texto que está sendo lido na roda cria um diálogo entre estilos e formas de expressão, nos auxiliando a transpor a escrita solitária em **escrita solidária**. Quando capturamos algo que nos chama a atenção no texto do colega e copiamos em nosso caderno – seja uma expressão, uma palavra, uma frase ou um binômio – estamos compondo a nossa própria autoria e estamos conhecendo um pouco mais do nosso estilo, a partir do que nos chama a atenção no texto do outro.

Devemos nos tornar bons *escutadores* de história, pois não basta acessar as nossas memórias (como fizemos com Paulo Freire), é preciso relacionar o que vivenciamos com as memórias de outras pessoas também, pois, assim, tecemos uma rede solidária da autoria. O que é chamado de inspiração se desloca de uma atitude autocentrada e captura, no descentramento, inúmeros detalhes preciosos que passam a ser lido pelos nossos sentidos, uma leitura profunda de mundo, de texto e do outro. Quando trabalhamos a nossa autoria, aprendemos a criar com o mundo, com as pessoas que nos rodeiam- nos misturamos com o outro para, depois, voltarmos a ser nós mesmos/as com mais autoria.

EXERCÍCIO 8 – REFLEXIVIDADE

Dinâmica do oráculo romano (para exercitar observação e sentidos).

A proposta dessa escrita, chamada de dinâmica do Oráculo Romano, consiste em registrar, fora de sala de aula (de preferência dentro do ambiente da universidade ou da escola), fragmentos de falas para serem usados em uma produção textual com atenção à coesão e à coerência. Você pode colher no mínimo dez frases para compor seu texto. O gênero textual é livre.

Essa atividade retoma a história do oráculo do povo na Roma antiga: os romanos faziam perguntas no recôndito de suas casas e almas e, depois, saíam às ruas para ouvir a(s) resposta(s) dos(as) deuses(as) através da boca do povo. Essa seria uma das possíveis origens da máxima latina *vox populi, vox dei.*

Gaston Bachelard, um filósofo que escreveu sobre a fenomenologia do imaginário, fala que a imagem poética surge de dois movimentos principais: a ressonância e a repercussão. Em suas palavras (1996: 6), "na ressonância, ouvimos o poema, na repercussão nós o falamos, pois é nosso. A repercussão opera uma revirada do ser. Parece que o ser do poeta é nosso ser".

Em comunidades de escrita, aprendemos a escrever com atenção aos detalhes do texto: cada palavra importa, cada trecho tem relevância e o que não é necessário, deve ser cortado. O leitor e a leitora devem fazer sua parte, não precisamos antecipar tudo, dizer tudo, incluir todo o nosso pensamento. Podemos deixar lacunas, criteriosamente escolhidas: são os mistérios e os espaços de encontro dos textos.

A atenção aos detalhes não está apenas no texto escrito em si; está na vida, no cotidiano, nos pequenos momentos da vida vivida com presença e observação atenta. Quando escrevemos, passamos a olhar o mundo de um novo jeito; começamos a olhar as pessoas em seus gestos, nas filas, nos bares, nos ônibus e já imaginamos, atentos/as aos detalhes de seus movimentos, suas histórias, seus segredos, nossa ficção.

A linguagem nos atravessa de tal forma que passamos a levar os textos (e seus autores/as) que lemos para a rua para dar uma volta conosco pelo parque, até a padaria, ao cinema. Começamos a criar redes de relações entre os textos que lemos e os que escrevemos, de tal forma que nossa capacidade de atenção vai além do que importa para o mundo externo. Engajamos nossa autoria ao que é relevante para nós mesmos/as. Esse é o caminho autoral e criativo que todo ser humano deveria trilhar em sua vida, incluindo a vida acadêmica.

Essa capacidade de observação é fruto de muito trabalho atento e disciplinado, mas também conta com a apuração dos sentidos. Segundo Johann

Wolfgang von Goethe, a fenomenologia nos apresenta duas tarefas importantes para a compreensão de um fenômeno, no nosso caso o fenômeno é o texto, o nosso texto, ou seja, nossa autoria; são elas: **a formação sensorial** e **a formação epistemológica**.

Na primeira tarefa, precisamos desenvolver uma consciência da atividade perceptiva ou, como preferimos chamar, uma educação crítica dos sentidos; na segunda tarefa, nos dedicamos a aprofundar a consciência da atividade cognitiva através de exercícios reflexivos. Jonas Bach e Juliana Dias (2021) dizem que

> essa educação está profundamente ligada com o caminho de transformação do próprio sujeito, gerado no encontro com os fenômenos (incluindo os fenômenos sociais). Ao mesmo tempo em que se processa a educação crítica dos sentidos, é preciso haver um aperfeiçoamento da intuição conceitual (da consciência conceitual) diante dos fenômenos. (Dias e Bach, 2021: 18)

Por meio desse caminho de construção da autoria, vamos aprimorando nossa percepção (sentidos) e nossa cognição (criação de conceitos). Nosso trabalho com texto não segue a lógica cartesiana de lidar com a escrita e com a leitura como se fossem elementos dados que estivessem prontos para serem dissecados.

Nosso caminho é através da criação de uma nova relação com o texto, com o ato de ler e com o ato de escrever: trata-se de um diálogo do ser que lê e escreve com o texto, não sob a lente exploratória ou utilitária, mas com o foco na qualidade que essa interação promove – sobre quem eu me torno quando leio ou escrevo esse texto. É muito mais do que representação, é identitário.

SUGESTÕES DE LEITURAS

Noemi Jaffe, por meio do espaço cultural A Escrevedeira (https://escrevedeira.com.br/pagina/acontece-na-escrevedeira), nos traz uma jornada de aprendizagem da escrita autoral, realçando os cinco princípios da linguagem (este é um tema de um curso virtual de excelência, conduzido por ela). Sugerimos a leitura do seu *Livro dos começos*.

Sugerimos também a leitura de contos curtos para aguçar sua capacidade de reescrita e de observação da potência que existe nesse tipo de texto (colecione inícios de contos em seu diário de bordo). Indicamos o conto "Uma vela para Dario", de Dalton Trevisan, para observar a concisão da linguagem e o valor do *mostrar* em vez do *dizer*.

BIBLIOGRAFIA COMENTADA

Estudamos a ótica da fenomenologia de Goethe e de Steiner (através dos estudos em parceria com o professor Jonas Bach Júnior) no capítulo "Escrita criativa autoral e estilística da língua portuguesa", de autoria de Juliana Dias et al., no livro *No espelho da linguagem*. Focalizamos neste capítulo os seguintes passos fenomenológicos para a construção da autoria: (i) observação do processo cognitivo (substituição das representações atributivas e prévias por representações relacionadas às percepções sensoriais pessoais, vivas e concretas); (ii) visão de sistemas (dinamização das facetas identitárias com base nos princípios da intensificação/sutilização das forças de criação); (iii) versatilidade da consciência (o que se alcança com as reescritas); e (iv) desenvolvimento da capacidade cognitiva (pensar vivo e criativo – autoria).

Natalie Goldberg (2008), em *Escrevendo com a alma*, nos presenteia com um livro inspirador para lidarmos com a nossa escrita e com as escritas alheias. Sugerimos o capítulo "Não se case com a mosca" para voltar o foco da escrita para o/a leitor/a e para não nos perdermos em devaneios solitários. O tema linguístico que você pode associar a esse capítulo é o da *precisão*. Sugerimos também o capítulo "Sintaxe", que traz um jogo leve e lúdico para brincar com a ordem das palavras e modificar o texto nas reescritas, mudando o foco e a sintaxe do texto. No capítulo "Não conte, mostre", a autora nos ajuda a trabalhar a diferença entre *mostrar* e *dizer* – é uma estratégia de consciência estilística muito importante. No capítulo "Seja específico", Natalie Goldberg mostra como trabalhar com escolhas de palavras nas reescritas. No capítulo "O comum e o incomum", ela propõe trabalhar com a inserção de um detalhe original (como, por exemplo, uma metáfora guia). Por fim, o capítulo "Faça afirmações e responda a perguntas" tem um enfoque em frases afirmativas muito produtivo para o ensino.

RESUMINDO O CAPÍTULO

Neste capítulo, tratamos da importância do gesto de escrever e de reescrever nossos textos através de uma atitude de observação atenta e engajada. Entendemos que a postura criativa é despertada mediante posturas fenomenológicas relacionadas aos movimentos de distanciamento (ativo) e de estranhamento (atento). Vimos que reescrever nossos textos faz parte de um re-criar que se constitui por meio do re-ler. Apresentamos a metodologia dos três gestos na jornada da escrita autoral: **impulso**, como um caminho para o desbloqueio da escrita; **intuição**, como atenção à expressividade linguística e estilística; e, por fim, a **pulsação**, como o fluxo criativo autoral já circulando em nossos textos, em nosso modo de olhar o mundo e de viver as práticas do cotidiano. Realçamos, para finalizar o capítulo, a importância de estimular a memória, os sentidos e nossa capacidade de observação a fim de trabalharmos para nossa autoria. Este capítulo trouxe análises de reescritas e propostas de exercícios de escrita e de reescrita.

Tempo da inspiração: estilo e autoria

Vamos falar um pouco sobre estilo e seu significado? O que faz um texto ao apresentar marcas estilísticas que nos faz associar determinado texto a seu/sua autor/a?

> **Epidemia**
>
> Quero o alastramento da felicidade A propagação do sonho O surto da esperança
>
> [...]
>
> Quero o tráfico da poesia A precisão exata da anomia A epidemia noite e dia Da utopia
>
> (Por Ricardo Azevedo)

Essas são, respectivamente, a primeira e a última estrofe do poema "Epidemia", de Ricardo Azevedo. Podemos encontrar pontos de diálogo entre as duas estrofes, que trazem expressamente o campo dos desejos do eu lírico por meio da repetição do verbo quero. Vemos o uso de binômios fantásticos, trazendo o estranhamento temático, uma vez que rompe com o título "epidemia" (ainda mais no nosso contexto após a pandemia do

77

covid-19). As escolhas lexicais expressam sentidos de ampliação, de extroversão, como podemos ver em "alastramento" e "propagação". Em seguida, temos "surto" e "tráfico", escolhas que, associadas aos sintagmas seguintes em "surto da esperança" e "tráfico da poesia", criam efeitos de sentido de rupturas que esboçam o campo do fantástico, da graça, da brincadeira e da reflexão poética.

Essa leitura atenta é viável desde que não consideremos que todos esses recursos e efeitos estilísticos estejam tão somente nas palavras, estritamente no campo da linguagem, de modo dissociado da interação entre quem lê e quem escreve, entre o contexto em que foi escrito e o contexto em que foi lido/trabalhado o poema. Todos esses aspectos ampliam nossa visão de que os textos e suas nuances estilísticas dependem da perceptiva interacional e discursiva. É a partir dessa lente que vamos tratar o estudo da estilística.

A estilística é o campo dos estudos da linguagem com foco na afetividade (o que afeta), nas emoções, na psique e nos julgamentos. Nosso foco é discursivo e, nesse sentido, estilo é parte do nosso "modo de ser" através da linguagem, considerando fatores sociais, culturais, críticos e criativos.

É no encontro entre o intralinguístico e o extralinguístico que buscamos estudar a expressividade em textos. Nosso olhar considera aspectos textuais e contextuais, bem como discursivos para que as manifestações estilísticas sejam (re)conhecidas, construídas e manifestadas.

EXERCÍCIO 1 – ATIVIDADE

Lemos e analisamos a primeira e a última estrofes do poema "Epidemia". Agora é sua vez: leia uma parte do meio do poema do Ricardo Azevedo a seguir e faça uma leitura atenta dos recursos linguísticos que ajudam a construir determinados efeitos de sentido, como estranhamento e originalidade. Reflita e escreva sobre o efeito de sentido criado pelo prefixo "de" na primeira das três estrofes. Identifique quais são e que papéis desempenham os binômios fantásticos escritos pelo autor (como declínio do insucesso). Analise as metáforas do poema.

Quero o declínio do insucesso
O decréscimo da derrota
A demolição do desalento

Para tratar de estilo textual, precisaremos atualizar os estudos da estilística por meio de uma abordagem linguística contemporânea. Falar de estilística como uma área dos estudos de linguagem centrada em uma concepção de língua como expressão de significados não vai nos contemplar nessa abordagem de autoria criativa.

É preciso recontextualizar esses conhecimentos estilísticos no bojo de uma concepção de linguagem com interação, como encontro, considerando toda dinamicidade e fluidez que os usos linguísticos vivos apresentam. Nosso preceito de estilo parte dos estudos da Linguística Sistêmica Funcional (com base em Halliday) em diálogo com os Estudos Críticos de Discurso, mais especificamente no que concerne a uma releitura do significado identificacional em Norman Fairclough (2003).

Em sua Gramática Sistêmico-Funcional, Halliday (apud Fairclough, 2003) propõe funções desempenhadas pelas pessoas através da linguagem nos contextos de situação: compreendemos a realidade (função ideacional), nos relacionamos com outras pessoas (função interpessoal) e organizamos as informações (função textual). Essas três macrofunções são realizadas pelo sistema léxico-gramatical da língua e, nesse sentido, a oração assume um estatuto plurifuncional, como representação, interação e mensagem.

Por meio dos textos, representamos o mundo social em que vivemos, tanto em termos de reprodução, como de reconstituição de relações sociais, de atividades materiais, de crenças, valores e desejos. Através dos usos de linguagem, podemos nos identificar de uma determinada maneira ou de outra, associando nosso jeito de ser (nossas identidades) a certas escolhas discursivas e textuais. Além disso, é por meio da linguagem que agimos e interagimos na vida e nas práticas sociais. Partimos desse olhar multifacetado que liga pessoas a textos, por meio dos modos de agir (significados acionais), de sentir (significados identificacionais) e de pensar (significados representacionais) e aqui já estamos em diálogo teórico com a Análise de Discurso Crítica, em Norman Fairclough (2003).

Sabemos também que os discursos não apenas repetem as práticas da vida, mas eles também projetam novas relações, novos mundos; são formas imaginativas que podem, pouco a pouco, se apresentar no mundo por meio da linguagem, no nosso caso, através das nossas escritas e dos modos como lemos os textos e nossa realidade (interna e externa).

Podemos analisar os recursos estilísticos empregados nas escritas acadêmicas para aprimorarmos nossa própria capacidade de escrever textos na escola e na universidade. Temos escolha e podemos nos inspirar em autores/as que trazem marcas autorais tão próprias que nos ajudam a pensar no nosso jeito de escrever, naquele jeito que ressoa com nosso pensar-sentir-querer e não apenas com nossa vontade de adequação, ou de ser bem avaliado, tirar boas notas etc. A seguir, temos dois trechos de textos acadêmicos de autoras negras, conhecidas por seus pensamentos decoloniais e críticos: bell hooks e Gloria Anzaldúa. Vamos ler com atenção e observar os efeitos de sentido criados por suas escolhas lexicais?

> Práticas autoritárias, promovidas e encorajadas por muitas instituições, **minam** a educação democrática na sala de aula. Ao **atacar** a educação como prática da liberdade, o autoritarismo na sala de aula **desumaniza** e, por isso, **destrói a 'magia'** que está sempre presente quando os indivíduos são aprendizes ativos. Ele '**tira toda graça**' do estudo tornando-o repressivo e opressivo. Professores autoritários investem frequentemente na noção de que eles são **simplesmente 'sérios'**, ao passo que os educadores democráticos são comumente estereotipados como **não tão rigorosos ou como carentes de padrão**. Esse é especialmente o caso quando o educador democrático tenta criar um espírito de alegria em sua prática de sala de aula. (bell hooks, 2013: 114; negritos nossos)

> Essas inúmeras possibilidades deixam la mestiza **à deriva em mares desconhecidos.** Ao perceber informações e pontos de vista conflitantes, ela passa por uma submersão de suas fronteiras psicológicas. *Descobre que não pode manter conceitos ou ideias dentro de limites rígidos.* As fronteiras e os **muros** que devem manter ideias indesejáveis do **lado de fora** são hábitos e padrões de comportamento arraigados; esses hábitos e padrões são **os inimigos internos**. Rigidez significa morte. Apenas mantendo-se flexível é que ela consegue estender a psique horizontal e verticalmente. **La mestiza tem que se mover constantemente para fora das formações cristalizadas** – do hábito; para fora do pensamento convergente, do raciocínio analítico que tende a usar a racionalidade em direção a um objetivo único (um modo ocidental), para um pensamento divergente, caracterizado por um movimento que se afasta de padrões e objetivos estabelecidos, rumo a uma perspectiva mais ampla, que inclui em vez de excluir. (Anzaldúa, 1987: 706; negritos nossos)

Destacamos, no trecho do texto da bell hooks, as seleções lexicais associadas à atmosfera autoritária e repressora na sala de aula que revela escolhas autorais e centradas em experiências de vida, pois parecem ecos de representações de mundo comumente ouvidas e vividas em sua prática. Isso pode ser visto em "minam", "atacar", "desumaniza", "simplesmente sérios", "não tão rigorosos ou carentes de padrão". Outro traço estilístico que compõe a autoria dessa professora é a presença de traços de oralidade, o que cria aproximação entre autora e leitores/as, como representação de sua postura como uma educadora engajada, o que pode ser visto em "destrói a magia", "tira toda graça".

No trecho do texto da Gloria Anzaldúa, percebemos traços de um estilo literário em que ela traz imagens como pontos de referência para a construção do seu pensamento (como "mares", "formações cristalizadas", "muros"). A "mestiça" ganha vida como se fosse a personagem protagonista de sua escrita e o uso dos dêiticos ("à deriva", "lado de fora", "tem que se mover para fora", "vertical e horizontalmente") nos aproxima dela e nos ajuda a enxergar com clareza e empatia sua posição de luta.

Podemos compreender, por meio da análise linguística e estilística, muitas outras formas de compor significação e interação nos textos acadêmicos. É com a prática da **leitura atenta** que vamos apreendendo possibilidades e fazendo nossas escolhas de escrita autoral.

Nossa sugestão é que você procure leituras acadêmicas inspiradoras para 'desencaixar' a rigidez do letramento científico de sua mente. Além da Gloria Anzaldúa e da bell hooks, sugerimos Paulo Freire, Lélia Gonzales, Sírio Possenti, Wandeley Geraldi, Charles Bazerman, Juliana Dias, Viviane Resende, Maria Luíza Coroa, Gina Vieira, Maria Madalena Sacramento Rocha, Allan Da Rosa, Nego Bispo, Ailton Krenak, Babalorixá Sidnei Nogueira etc.

EXERCÍCIO 2 – ATIVIDADE

A seguir, apresentamos dois trechos de artigos acadêmicos, de modo que um deles é escrito da forma canônica, no que tange ao padrão acadêmico, e o outro traz traços autorais e estilísticos mais proeminentes, como parte de uma escrita insurgente. Analise ambos, do ponto de vista linguístico/estilístico, e aponte as características de linguagem que encaixam cada um deles nesses tipos anunciados acima.

> Trecho 1:
> Nessa consciência autodefinida e coletiva das mulheres Negras, o silêncio não deve ser interpretado como submissão. Em 1925, a autora Marita Bonner convincentemente descreveu como a consciência permaneceu a única esfera de liberdade disponível a ela no confinamento sufocante tanto do seu mundo Negro de classe média quanto da sociedade Branca racista. (Patrícia Hill Collins, 1990: 2)

> Trecho 2:
> Bakhtin (2010b, p. 140) caracteriza o carnaval como "um espetáculo sem ribalta e sem divisão entre atores e espectadores", afirmando que nele se vive uma vida carnavalesca, a qual se configura como uma vida que se desvia da habitual (uma "vida às avessas" ou um "mundo invertido"). Para o pensador russo, as normas, as leis, as interdições e as restrições que organizam e determinam a existência dos homens em sua vida comum – também chamada "ordinária" ou "oficial" (BAKHTIN, 2013, p. 6) – são deliberadamente revogadas no período em que dura o carnaval. (Silva, 2016: 4)

Para falar de estilo e para situar a estilística em abordagem discursiva, precisamos pensar sobre como concebemos a linguagem, seus usos e os textos. Temos muitos recursos para estarmos no mundo do jeito como costumamos estar (recursos expressivos, linguísticos, corporais etc.); é por meio da consciência discursiva crítica que vamos enxergando possibilidades de nos posicionarmos de novas maneiras nas nossas relações, engendrando pequenas mudanças, acionando microrresistências.

Quando nos acostumamos a escrever e a ler textos na escola com base em um viés gramatical, deixamos morrer em nós a vasta potencialidade expressiva da linguagem; vamos aprendendo a jogar o jogo proposto pela escola, com seu viés avaliativo, julgador, separatista e limitante. Passamos a escrever do jeito "certo" para "passarmos de ano" ou para "obtermos boas notas". Vamos, sem perceber, nos esquecendo de que a escrita é um canal de contato com a gente mesmo, com nosso modo de pensar e de sentir o mundo. Vamos deixando de lado nossa capacidade de nos divertir com os textos, de nos encantar com a escrita e até de nos aliviar por meio da escrita. Encaixamos a escrita na escola e a deixamos ali, sufocada em meio a tantas regras dos gêneros impessoais da academia.

Os gêneros acadêmicos, como os textos dissertativos, os resumos acadêmicos, os artigos científicos, nada mais são do que a sofisticação máxima da escolarização da escrita. É preciso criar espaços de discussão crítica sobre o que estamos fazendo com nossas escritas nos ambientes de aprendizagem educacionais; com essas breves pausas e novos modos de observação, podemos começar a abrir brechas para que as perguntas surjam em nós, e para que uma atitude verdadeiramente científica e crítica possa encontrar espaço em nosso ser.

Para Norman Fairclough (2016), estilo diz respeito aos aspectos discursivos dos modos de ser (identidades). A pessoa que somos se apresenta no mundo por meio de gestos, manifestações corporais específicas e por meio de um modo próprio de falar e de escrever. Nossos estilos em textos são partes expressivas de quem nós somos e de como estamos naquele momento da escrita do texto, por isso, o caráter fluido do estilo é fundamental sob esta perspectiva.

O modo como nos identificamos por meio da linguagem é profundamente atravessado pela maneira como representamos o mundo. Por isso, chamamos a atenção para um caminho de um novo pensar, unindo novas formas de perceber as experiências da vida (acessando novos sentidos) com a criação de diferentes conceitos e, desse modo, de diferentes representações discursivas.

Se há transformação no modo como representamos nossa escrita, há mudança em nossas identidades, em nossos modos de escrever e, em última instância, em nosso estilo. Se antes nós representávamos nossa escrita como uma prática escolarizada e apagada de sentido e se hoje representamos a escrita como uma prática livre, autoral, livre de pressão, de julgamentos, de pressa, então começamos a nos identificar com essa nova pessoa que escreve, com mais liberdade, com mais coragem para experimentar novos estilos, efeitos de sentido e recursos estilísticos que fazem sentido para nós, neste novo contexto de produção e de representação de mundo.

Partilhamos agora com você um texto autoral de uma aluna de graduação em Letras da Universidade de Brasília, com a intensão de observar como a mudança de sua representação de escrita significou uma mudança expressiva em seu estilo de escrita.

Na colcha de retalhos da minha escrita, eu viajo ao passado. Ali, no canto de tecidos desbotados, estão os textos nunca relidos. Os pontos muito apertados, feitos de linha-padrão e fiados por uma senhora mal-humorada, Dona Gramática Normativa, condenaram minhas palavras a um terrível e eterno destino: a fixidez. Todos os retalhos eram previamente escolhidos, medidos e organizados. A colcha nem existia, mas aquela velha já sabia como ia ficar. Eu preferia passar frio a deixar o pano feio ganhar comprimento. Ficava dias sem escrever, e ela ficava dias sem costurar. Uma situação, no entanto, me obrigou a reconsiderar. Aonde eu ia, só via colchas iguais. Diziam ser elas as cobertas do futuro, calor garantido. Eu me rendi a minha carcereira e lhe entreguei meus textos. Minha prisão, porém, nada tinha de perpétua. Da janelinha do meu futuro, me despedi da avó dos meus pesadelos. As maldições dela, descobri, ficavam mais fracas aqui, nesses retalhos coloridos, onde as palavras são bordadas quase magicamente. É a Jovem Autoria quem vai tecendo. Ela nunca toma o cuidado de arrematar os pontos. Prefere alinhavar: testa esse ou aquele retalho, uma linha fina ou uma linha grossa. E começa a urdir e logo vai desfazendo, para começar tudo de novo. Essa mocinha, muito diferente de sua predecessora, trabalha sem rotina. Às vezes, pega uma folga demorada e esquece de avisar. Com as agulhas paradas, volta a velhinha para me cutucar: "Vale nada a menina! Vamos logo trabalhar!". Mas é impossível me zangar com a Autoria. Criança de tudo, retorna para os meus braços como se nunca tivesse ido, carregando no peito todos os tipos de estampas, brilhantes e escuras, floridas e listradas. Como a velhinha, mesmo de escanteio, está sempre dando pitaco, Jovem Autoria volta e meia cose umas ideias dela com sua própria linha. E a colcha de retalhos da minha escrita cresce.

(Por Ana Clara Silva Oliveira)

EXERCÍCIO 3 – REFLEXIVIDADE

Apostando na mesma metáfora criada por Ana Clara, escreva um texto autoral e leve sobre sua relação com a Senhora Dona Gramática Padrão e com a Autoria. Crie essas personagens, investindo no modo como você, em suas vivências identitárias, se relacionou com cada uma delas ao longo da vida.

As identidades são construídas muito além dos textos. Para nosso estilo aparecer em nossos textos, como expressões de nossas identidades como escritores/as, precisamos considerar que os recursos estilísticos não estão apenas na língua, ou seja, fora do sujeito que escreve; eles são parte de quem escreve no momento em que se escreve.

As escolhas estilísticas são, pois, fruto da junção do/a escritor/a com o texto no ato da escrita. Assim como a coerência é um fator de textualidade que não está apenas nos textos, mas, sobretudo, no gesto de quem lê, no ato de ler; o estilo é algo que surge no encontro entre o sujeito que escreve e o texto que brota. E esse processo é situado no tempo e espaço do ato da escrita.

Quando escrevemos um texto, seguindo o princípio de que a escrita nos escreve (ou seja, através da escrita espontânea), podemos observar, no momento da reescrita, que recursos estilísticos surgiram no gesto espontâneo da escrita e, a partir de uma consciência estilística, podemos reescrever, conferindo os efeitos de sentido desejados, construindo nosso estilo para aquele texto e assumindo, assim, nossa autoria. É um processo investigativo, criativo, dinâmico e muito prazeroso. Vamos viver?

EXERCÍCIO 4 – REFLEXIVIDADE

Escreva dez minutos sem parar (escrita espontânea), após coletar dez palavras retiradas do seu dispositivo de celular (pode ser palavras retiradas de imagens da câmera ou de mensagens recebidas por aplicativos de comunicação ou redes sociais); ou, se preferir, você pode coletar essas dez palavras de sua observação de pequenas cenas, após uma breve caminhada.

Após ler o que você escreveu, observe atentamente se apareceu em sua escrita algum dos elementos a seguir.

a. metáfora;
b. repetição de palavras;
c. frases curtas;
d. outro aspecto textual que te chamou a atenção.

Após essa pesquisa, guarde o texto. Vamos continuar nossas reflexões e, em breve, você irá reescrevê-lo.

RECURSOS ESTILÍSTICOS

Vamos tratar de alguns recursos estilísticos que provavelmente já foram estudados por você ao longo da sua jornada escolar. Todavia, vamos trazer uma abordagem discursiva/funcional para cada um deles, conforme discutimos até aqui neste capítulo. Vamos tratar de frases longas x frases curtas; coordenação x subordinação; repetição; paralelismo sintático (morfossintático também) e semântico; gradação; metáforas e outras figuras de linguagem; carnavalização; polifonia.

Segundo Francine Prose (2008: 22), "parte da obrigação do leitor é descobrir por que certos escritores permanecem. Isso pode exigir alguma reconexão: desfazer a conexão que nos faz pensar que devemos ter uma opinião sobre o livro e reconectar esse fio ao terminal, seja ele qual for, que nos permite ver a leitura como algo capaz de nos comover ou deliciar". Nós propomos que essa reconexão seja feita através da escrita livre e da leitura atenta. Tanto para uma como para outra, os conhecimentos estilísticos são fundamentais.

Dividimos em três tópicos: figuras semânticas, figuras de pensamento e de sensações e figuras de sintaxe e gramática. Vamos usar a seguinte estratégia de entendimento: começaremos com exemplos, faremos análises estilísticas iniciais e, por último, partilharemos algumas reflexões conceituais.

1. **Figuras semânticas:** significados – metáfora, carnavalização.
   CORAGEM – Diz-se que coragem une cor e ação. Insinua ações que, se paridas, colorem a vida, como recompensa pelas agruras dos processos, da concepção à execução. Coragem é a sirene que nos desperta para encruzilhada de escolha. É o tapa do universo, nos colocando onde ainda não sabemos que precisamos estar. (Por Edinéia Alves Cruz)

Edinéia, quando convidada a 'despir' uma palavra durante o laboratório de escrita e a escrever sobre a forma linguística/semântica de uma palavra qualquer, escolheu a palavra *coragem*. Ela recorre a imagens metafóricas para falar de coragem por meio das palavras "paridas", "colorem a vida", "recompensa". Começa com certo cuidado para não trazer o recurso da metáfora de imediato e, para tal, se apoia em uma voz externa – "diz-se" –

para ir chegando no que, de fato, ela quer dizer. É no segundo período que o auge da expressão metafórica ganha força em seu texto, insinuando que a própria coragem metalinguística de escrever se apresentou: "Coragem é a sirene", "É o tapa do universo".

De acordo com Gaston Bachelard (1996: 62), a diferença entre a imagem e a metáfora é que esta última "vem dar um corpo concreto" a algo que vai no mundo interno, dentro do nosso ser psíquico. Para o filósofo, a metáfora

> é uma expressão efêmera ou que deveria ser efêmera, empregada passageiramente. É preciso tomar cuidado para não pensá-la demais. É preciso temer que aqueles que a leem não a pensem. [...] Ao contrário da metáfora, a uma imagem podemos dar o nosso ser de leitor: ela é doadora do ser. A imagem, obra pura da imaginação absoluta, é um fenômeno do ser, um dos fenômenos específicos do ser falante. (1996: 247)

Ao considerarmos a importância da metáfora, no que diz respeito ao viés discursivo e interacional, podemos dizer que as escolhas pelas metáforas são revelações e indicações no nosso modo de ser e de (se) identificar na vida social e pessoal. A metáfora está, assim, conectada ao significado identificacional. Ao escolher uma metáfora, estamos representando o mundo sob o nosso olhar, sob o nosso único e singular modo de ver as coisas e de significá-las. É uma marca de autoria, por excelência, em textos, tomando o cuidado, contudo, de não exagerar no uso desse recurso, uma vez que, na linguagem escrita, ele também pode significar marca de oralidade, especialmente em textos acadêmicos.

Certa vez, lemos uma tese de doutorado em que a pesquisadora usou a metáfora do trem para significar a pesquisa, das estações do trem para apresentar o relato em capítulos, e assim por diante. Escolher uma imagem metafórica que nos é preciosa (palavramundo) para ancorar nossas escritas científicas também pode ser um poderoso mecanismo de insurgência na escrita. O importante é que, na introdução, essa escolha seja anunciada e justificada, a fim de construir consistência e potência para essa construção discursiva.

As metáforas podem ecoar nossas palavrasmundo, no sentido freireano, mas podem também serem ecos acríticos de vivências culturais hegemônicas, como é o caso de metáforas racistas, sexistas ou preconceituosas, de modo geral. Precisamos manter a atenção para nossas metáforas usuais a fim de ampliar nossa consciência crítica acerca desses usos. Lakoff e Johnson (2002) dividem as metáforas em três tipos: conceituais (estruturais), orientacionais e ontológicas. Em vez de anteciparmos essas explicações, vamos apresentar exemplos de cada uma delas e construir os conceitos.

a. Tempo é dinheiro.
b. Estou no fundo do poço.
c. Coragem é o tapa do universo.

Como você pode diferenciar cada uma dessas metáforas? Registre em seu diário de bordo antes de continuar a leitura.

As metáforas que representam nosso sistema social de crenças e de cultura se conectam com o tipo conceitual; as metáforas que expressam ligação com o espaço ressoam no tipo orientacional e, por fim e talvez aquelas que mais nos interessam na escrita autoral, as metáforas de cunho ontológico são aquelas constituídas no campo das nossas experiências relacionais e identitárias. Qual é a importância dessa classificação? Nenhuma se não houver transposição para a consciência estilística e discursiva, especialmente na fase da reescrita. Terá tanta relevância quanto for o nível de consciência autoral nos atos de ler e de escrever.

EXERCÍCIO 5 – REFLEXIVIDADE

Para finalizar, temos uma dinâmica chamada **metáfora guia**, que pode ser inspiradora para sua reescrita criativa de textos. A sugestão é escolher um texto qualquer que você tenha escrito e guardado por um tempo. Depois de desengavetá-lo, você deve ler com atenção e procurar enxergar qual é a metáfora que habita nas profundezas desse texto. Escolha uma imagem e a transforme em metáfora guia ou metáfora mestra da sua reescrita, de forma que todo o texto ganhará novas expressões a partir dessa inserção metafórica. Vamos tentar?

2. **Figuras de pensamento/sensação**: ironia, paradoxo e antítese (reflexão), eufemismo, carnavalização, polifonia.

Inseto *s.m*

1. Claro que tem a ver com "masculino". 2. Coisa que os homens podem resolver, nós também, mas não queremos. 3. Pode ter alguma relação com larvas, ou não. 4. Pode ser xingamento, ou não. 5. Aranha, é? 6. Tem três pares de patas, geralmente, logo, ou não. 7. É nada. 8. O mesmo que *infeto, inseto, intesso ou inseto*.

Separação: in-se-to/ i~–se tu/ in-seto/in-c-to/ cabeça, tórax e abdome, três pares de pernas e representantes com asas.

Plural: <u>desespero</u>

Feminino: <u>inseta</u> (na verdade, acho que não existe!)

(Por Vânia Sousa)

No texto da Vânia podemos ver a ironia como uma construção de ruptura e de paradoxo entre o que se espera do gênero textual "verbete de dicionário" e o texto escrito em si. Ela traz, com marcas de irreverência e humor (como em "plural de insetos" ser definido com "desespero"), a definição poética para o verbete "inseto", rompendo as expectativas de leitura, trazendo uma crítica social ("Claro que tem a ver com masculino"), com ênfase no empoderamento da voz da mulher ("mas não queremos"), se colocando no texto como uma produtora marcadamente feminina e feminista. Ao final, Vânia usa um recurso de escrita entre parênteses como uma espécie de escrita-confissão que, além de revelar mais aspectos da autoria, faz uma inversão irônica, pois questiona o saber de quem escreve verbetes e que tudo deveria saber sobre eles, o que não é o caso.

Vemos nesse pequeno texto a presença do dialogismo, não só através da interdiscursividade (gênero textual desencaixado), como também da intertextualidade polifônica (vozes internas x vozes externas). Bakhtin fala que a polifonia acontece quando há mistura de vozes nos textos que são expressas por meio de mistura de enunciados: "Dois enunciados quaisquer, se justapostos no plano do sentido (não como objeto ou exemplo linguístico), entabularão uma relação dialógica" (1981: 345).

Para esse pensador é mais simples estudar "no criado, o que é dado". O que significa isso? Quer dizer que para compreendermos a "criação" (a autoria), precisamos percorrer o caminho de análise da primeira versão da escrita. Nas palavras de Bakhtin:

> É como se todo o dado se reconstruísse de novo no criado, se transfigurasse nele. Reduz-se ao dado prévio e ao já pronto. As coisas estão ali, inteiramente prontas: o objeto, os recursos linguísticos de sua representação, o próprio artista, com sua visão do mundo. Então, mediante recursos já prontos, à luz de uma visão do mundo já pronta, o poeta reflete um objeto já pronto. Ora, *a verdade é que o objeto vai edificando-se durante o processo criador, e o poeta também se cria, assim como sua visão do mundo e seus meios de expressão.* (1981: 349; grifos nossos)

Há formas bem visíveis da presença de dialogismos nos textos, sobretudo nos acadêmicos, que são construídos com base em citações e em paráfrases. Na literatura, as formas mais rudimentares de dialogismo são discurso direto, discurso indireto e discurso indireto livre.

Bakhtin diz que as formas externas e visíveis do dialogismo acontecem quando concedemos o crédito do dito a outra pessoa, quando acolhemos palavras de autoridade e de especialistas em nossos textos, quando concordamos ou discordamos de algo, quando buscamos significados mais profundos, quando comparamos sentidos, quando trazemos vozes para nossos textos ou quando nos fundimos a certas vozes (como no caso da Vânia, a fusão com a voz feminista). É nessas relações textuais que se encontram as posições e as pessoas, ou seja, as vozes. Para o pensador:

> A palavra (e em geral, o signo) é interindividual. Tudo o que é dito, expresso, situa-se fora da "alma", fora do locutor, não lhe pertence com exclusividade [...] O autor (o locutor) tem seus direitos imprescritíveis sobre a palavra, mas também o ouvinte tem seus direitos, e todos aqueles cujas vozes soam na palavra têm seus direitos (não existe palavra que não seja de alguém). A palavra é um drama com três personagens (não é um dueto, mas um trio). É representado fora do autor, e não se pode introjetá-lo (introjeção) no autor. (1981: 350)

Sobre a carnavalização, podemos dizer que se trata de uma técnica autoral, pensada por Bakhtin (1981), ao aproximar os rituais do Carnaval à escrita, através da subversão da lógica da linguagem. As hierarquias são invertidas: linguisticamente pode significar romper com o código padrão, brincar com prefixos arbitrários (desviver) etc. Aproxima os paradoxos, brinca com as contradições, realça neologismos.

Veja o exemplo a seguir:

Texto original	Carnavalização
Terezinha de Jesus De uma queda foi ao chão. Acudiram três cavalheiros Todos três chapéu na mão. O primeiro foi seu pai O segundo seu irmão O terceiro foi aquele Que Teresa deu a mão. Quanta laranja madura Quanta lima pelo chão Quanto sangue derramado Dentro do meu coração (Canção tradicional)	O primeiro me chegou Como quem vem do florista Trouxe um bicho de pelúcia Trouxe um broche de ametista [...] O Segundo me chegou como quem chega do bar Trouxe um litro de aguardente Tão amarga de tragar Indagou o meu passado E cheirou minha comida (Chico Buarque)

EXERCÍCIO 6 – ATIVIDADE

Escreva um verbete de dicionário para uma palavra polêmica que tem 'visitado' você ou sua família no seu cotidiano. Inspire-se no verbete da Vânia e explore os recursos estilísticos da polifonia, paradoxo, ironia, carnavalização. Caso precise de inspiração, que tal partir da expressão "vou te dar uma carta branca" para explicar o que é essa "carta branca", por meio de um texto antirracista?

3. **Figuras de sintaxe** (morfossintaxe): inversões (fluidez textual), carnavalização, paralelismo, frases curtas e longas.

   pedrinhas: diminutivo daquilo que fura a sola do pé. plural de incômodo (no sapato e na alma). mas é ambiciosa, a coitada. se põe toda-toda quando acompanhada de nomes brilhantes. diamante e rubi não querem mais saber de dividir seu valor com ela. Mesmo em meio a polêmicas, disse, em entrevista exclusiva, não saber nada sobre esse problema do corpo humano: "pela última vez, é cálculo renal! Não me meta nisso!".

   (Por Ana Clara Silva Oliveira)

CALÇADO

Aquele que tem os pés vestidos. Sem o "L", CAÇADO. Já não gosto, porque ele, assim, é por não estar calçado. Linha tênue. O cadarço pode ser laço que nutre e laço que amarra.

(Por Paula Gomes)

O texto da Ana Clara Silva Oliveira traz um estilo textual bem marcado por meio da metalinguagem ("diminutivo daquilo que fura a sola do pé. plural de incômodo") e da associação do diminutivo do termo com a insurgência da letra maiúscula (que não foi usada em momento nenhum, como se coadunasse com ideia de que o que é pequeno – diminutivo topicalizado – merecesse tão pouca importância sintática que nenhuma frase do verbete ganhará estatuto de frase com inicial maiúscula). Ela explora a inversão sintática em "mas é ambiciosa, a coitada" realçando a personificação da pedrinha e posicionando sua autoria (através do julgamento). Usa o recurso da oralidade em "toda-toda" como forma de intensificar sua posição de julgamento, de cunho pejorativo. Após uma sequência de frases curtas e de cunho avaliativo conceitual (iniciando com estilo de verbete de dicionário e, aos poucos, migrando para um estilo mais narrativo), Ana introduz uma frase longa de estrutura sintática subordinada, como o ápice desse gesto da narração. Encerra com o movimento do diálogo, de modo a marcar uma entrada abrupta, cujo pressuposto é que ela (a pedrinha) estava sendo "acusada" de ser "pedra nos rins".

Já no segundo texto, Paula Gomes escolhe entremear a frase curta, sem verbo – "linha tênue" como o ponto que anuncia o desfecho em que surge o paralelismo sintático com uma antítese semântica: "pode ser laço que nutre e laço que amarra". Além disso, Paula 'brinca' com a palavra "calçado", ao explorar a supressão da letra 'l' e a alteração de significado: "caçado".

O paralelismo apenas pode ser visto (no sentido de ser enxergado mesmo), se nós olhamos para a frase como uma estrutura melódica. O paralelismo, quando feito dentro de uma cadência rítmica no texto, nos convida a fazer breves pausas expressivas, o que acentua o estilo e a autoria do texto.

Muitas vezes, o paralelismo sintático pode apresentar um paradoxo semântico ou uma intensificação semântica, de forma que há uma gradação dos sentidos no texto. Em caso de textos acadêmicos, esse recurso também pode ser bem importante para reforçar a nossa argumentação. Imagine como um jogo de xadrez, em que cada frase em paralelo a outra, soa como um lance do jogo e, ao final, temos o xeque-mate. Esse olhar sobre paralelismo é discursivo, pois está levando em consideração o funcionamento em camadas do texto, em função da intencionalidade e da conscientização linguística. É na reescrita que podemos imaginar possibilidades de paralelismos para nossos textos, por meio de uma leitura atenta.

No capítulo "Escrita criativa autoral e estilística", Juliana Dias e outras pesquisadoras (2021: 64) ressaltam que:

> De acordo com Nilce Martins (2011), em frases extensas, com segmentos numerosos, uns mais longos outros mais breves, podemos ter a sensação de um movimento ondulatório. São as frases retóricas por excelência, em que se podem associar a repetição, a sinonímia, a gradação, a antítese e o paralelismo.

EXERCÍCIO 7 – ATIVIDADE/ REFLEXIVIDADE

1. Analise os efeitos de sentido criados pelos usos das frases curtas e longas, pelos paralelismos (identifique de que tipo são: sintáticos, semânticos, causam gradação, intensificação ou antíteses?) nos trechos a seguir:

    a. Como tão passiva e tão ativa ao mesmo tempo? O esforço da memória que quer guardar cada gesto, cada cheiro, cada sensação como se soubesse que logo se banharia só, que logo já não teria a carícia da mãe. (Trecho do texto "A menina esponja", de Sila Marisa.)

    b. Por que partir? Que coisa mais engraçada essa de ir embora. Por isso, segurava na alça como uma âncora se prende ao fundo do oceano. Respirava fundo, tentando segurar toda a emoção dentro de si. Não devia chorar. Não agora. Não na frente dela. Não depois que ela já havia se acalmado. Precisava ser forte. (Trecho do texto "Saudades de aeroporto", de Ana Clara Silva Oliveira.)

    c. A lembrança, porém, essa memória desleixada, não mata o que já morreu. E sinto falta da palavra chamar vó ou vovó. Os meus olhos que viram o declínio ainda descem junto a ela a escada rolante da demência. Quando ela perdeu a inibição, perdi a destimidez. Quando perdeu a fala, eu perdi a escuta. Quando perdeu o caminhar, eu me perdi ainda para novamente achar. (Trecho do texto "Grand-Mère- hereditário", de Ellen Kassavara.)

2. Escreva um texto dissertativo sobre um tema polêmico qualquer (o uso das redes sociais e seus impactos sobre saúde mental da juventude; a liberação do canabidiol para fins medicinais, o aborto etc.). Existe uma única regra: você pode usar **apenas** orações coordenadas. Guarde o texto.

3. Depois de alguns dias de ter escrito o texto dissertativo com orações coordenadas, reescreva-o transpondo suas orações para estruturas subordinadas. Analise e responda em seu diário de bordo: O que aconteceu com o novo texto? Qual é a diferença em relação à primeira versão? O que as orações subordinadas fizeram com o texto, que efeitos criaram, que exigências de novos complementos surgiram? Qual dos dois textos tem mais consistência, profundidade e argumentatividade? Você acaba de experenciar, na prática da escrita, uma reflexão gramatical importante sobre a distinção ontológica e filosófica entre a coordenação e a subordinação na sintaxe da língua.

A IMPORTÂNCIA DA LEITURA ATENTA PARA A CONSCIÊNCIA ESTILÍSTICA

No início deste capítulo fizemos uma leitura atenta do poema do Ricardo Azevedo. Por que mesmo é importante fazer uma leitura detalhada, em termos linguísticos, dos textos? *Leitura atenta* é o nome em português de um dos métodos mais famosos de professores/as de escrita criativa, em inglês chamado de *close reading*, traduzido, ainda, por *leitura densa* ou *leitura linha a linha*.

O objetivo desse tipo de leitura é apreciar diferentes manifestações de linguagem, estilisticamente bem construídas, nos mais variados gêneros textuais, mas, sobretudo, em textos literários. Nós propomos ampliar essa técnica para incluir os fatores discursivos e estilísticos dos textos acadêmicos e não acadêmicos. Trabalhamos com esse método para ensinar a escrever bons textos, textos mais autorais.

Francince Prose, escritora e autora do livro *Para ler como um escritor*, trata a leitura atenta como a "lei maior" para o/a leitor/a se tornar um bom/boa escritor/a. Na apresentação do livro, estão registradas perguntas que podem nos servir de roteiro para leituras atentas:

Como tratar a frase?
Como e por que quebrar um parágrafo?
Como avaliar o impacto de uma palavra?

Sem apresentar fórmulas mágicas, Francine Prose não garante que esse método de leitura (semelhante ao antigo método do comentário – a *explication de texte* dos franceses) fará você escrever como um bom escritor, mas certamente te ajudará a ler com mais consciência estilística, assim como o apreciador de uma pintura é capaz de analisar cada pincelada do pintor. "Um percurso pessoal de leitura atenta sempre trará algum tipo de novidade em relação a caminhos já palmilhados" (Prose, 2008: 242), Francine diz.

O caminho de seu livro é dividido em partes, intituladas "Palavras", "Frases" e "Parágrafos". Vamos trazer algumas considerações sobre cada uma delas com o objetivo de te inspirar a praticar a leitura atenta. Para isso, selecionamos trechos da autora para a construção desse caminho.

- **Palavras**

  Com tanta leitura à sua frente, a tentação poderia ser aumentar a velocidade. Mas na verdade é essencial desacelerar e ler cada palavra. Porque algo importante que se pode aprender lendo devagar é o fato óbvio, mas estranhamente subestimado, de que a linguagem é o meio que usamos, mais ou menos como um compositor usa notas, como um pintor usa tinta. Compreendo que isso pode parecer óbvio, mas é surpreendente a facilidade com que perdemos de vista o fato de que as palavras são a matéria-prima com que a literatura é construída. Cada página foi antes uma página em branco, assim como cada palavra que aparece nela agora não esteve sempre ali – antes, reflete o resultado final de incontáveis deliberações, grandes e pequenas. Todos os elementos da boa escrita dependem da habilidade do escritor de escolher uma palavra em vez de outra. E o que prende e mantém nosso interesse tem tudo a ver com essas escolhas. Uma maneira de você se obrigar a desacelerar e parar a cada palavra é perguntar-se que tipo de informação cada uma – cada escolha de palavra – transmite. (Prose, 2008: 22)

- **Frases**

A esta altura você talvez esteja perguntando: que é uma frase bonita? A resposta é que a beleza, numa frase, é em última análise tão difícil de quantificar ou descrever como a beleza numa pintura ou num rosto humano. Uma explicação mais precisa poderia talvez ser algo como a conhecida definição de poesia de Emily Dickinson: "Se sinto fisicamente como se o topo da minha cabeça tivesse sido retirado, sei que é poesia." Percebo que essa não é uma definição tão precisa quanto o aspirante a escritor de belas frases poderia desejar. Mas talvez seja de algum consolo eu dizer que, se você está ao menos pensando nesses termos – isto é, se está ao menos considerando o que poderia constituir frases fortes, vigorosas, enérgicas e claras –, já está muito além de onde quer que estivesse antes de tomar consciência da frase como algo merecedor de nosso profundo respeito e enlevada atenção. (Prose, 2008: 39)

É uma boa ideia ter uma seção especial de sua estante (talvez aquela mais próxima de sua mesa) para livros de escritores que obviamente trabalharam as suas frases, revendo-as e polindo-as para transformá-las nas joias que continuam a nos deslumbrar. Essas são obras a que você pode recorrer sempre que sentir o seu próprio estilo se tornando um pouco frouxo, preguiçoso ou vago. Você pode abrir esses livros em qualquer ponto e ler uma frase que o impelirá a trabalhar mais, a tentar com mais afinco, a retornar àquele ponto difícil e retrabalhar aquela frase imprecisa ou desajeitada até que ela seja algo de que você possa se orgulhar, e não algo que espera que o leitor não note. (Prose, 2008: 45)

- **Parágrafos**

O simples ato de pensar sobre "o parágrafo" já significa um progresso, assim como ter consciência da frase como uma entidade digna de nossa atenção representa um grande passo na direção correta. Perguntei a um amigo, um poeta que também escreve ensaios e memórias, o que ele pensava sobre o parágrafo. Ele respondeu que pensava no parágrafo como uma forma semelhante a uma forma poética, talvez um pouco como uma estrofe. Depois acrescentou algo que eu mesma já percebi. Disse que quando estava escrevendo um ensaio, chegava a um ponto em que sabia como seriam seus primeiros parágrafos. Isto é, o ponto em que o ensaio se organizava em sua mente e se encaixava, como se com uma série de cliques, mais ou menos no lugar. (Prose, 2008: 58)

Em geral, eu sugeriria, o parágrafo pode ser compreendido como uma espécie de respiração literária, cada parágrafo sendo um prolongado – em alguns casos, muito prolongado – fôlego. Inspire no início do parágrafo, expire no fim. Inspire novamente no início do parágrafo seguinte. (Prose, 2008: 60)

Em geral, lembre-se de que a paragrafação requer um bom olho, bem como uma mente lógica. Enormes blocos de palavras impressas parecem temíveis a leitores, que muitas vezes relutam em enfrentá-los. Assim, quebrar parágrafos longos em dois, mesmo que não seja necessário fazê-lo para o sentido, a significação ou o desenvolvimento lógico, é muitas vezes um auxílio visual. Mas lembre-se, também, de que disparar muitos parágrafos curtos em sucessão pode ser perturbador... Moderação e um sentido de ordem deveriam ser as principais considerações na paragrafação. [...] Um amigo meu diz que um parágrafo de uma frase é como um soco, e ninguém gosta de ser socado. Usado em excesso, pode ser um tique irritante, a tentativa de um escritor preguiçoso de nos forçar a prestar atenção ou de injetar energia e vida em uma narrativa, ou de inflar falsamente a importância de frases que nossos olhos poderiam saltar inteiramente se estivessem colocadas, mais discreta e modestamente, dentro de um parágrafo mais longo (Prose, 2008: 65)

Para finalizar, podemos nos perguntar: e os saberes gramaticais, como se articulam a tudo isso? Como já foi mencionado, quando tratamos de estilística, é por meio da organização sintática, lexical, morfossintática e semântica que os textos são escritos, que os efeitos de sentido são criados e que a beleza e a potência do texto se materializam em autoria. Sobre isso, Francine Prose diz assim:

Entre as perguntas que os escritores precisam fazer a si mesmos no processo de revisão – É esta a melhor palavra que posso encontrar? Meu sentido está claro? Pode uma palavra ou expressão ser cortada sem sacrificar nada de essencial? –, talvez a mais importante seja: Isto é gramatical? O estranho é como muitos escritores iniciantes parecem pensar que a gramática é irrelevante, ou que eles estão de algum modo além ou acima dessa matéria, mais apropriada para um estudante primário que para o futuro autor de grande literatura. Ou possivelmente temem ser distraídos de seu foco na arte caso se permitam desviar pelas exigências tediosas do uso da língua. Mas a verdade é que a gramática é sempre interessante, sempre útil. Dominar a lógica da gramática contribui – de uma maneira misteriosa que novamente evoca algum processo de osmose – para a lógica do pensamento. Um amigo romancista compara as regras da gramática, da pontuação e do uso a uma espécie de etiqueta antiquada. Diz que escrever é um pouco como convidar alguém à sua casa. O escritor é o anfitrião, o leitor, o convidado, e você, o escritor, segue a etiqueta porque deseja que seus convidados se sintam mais à vontade, especialmente se planeja lhes servir algo que talvez não esperem. (Prose, 2008: 42)

EXERCÍCIO 8 - ATIVIDADE

A partir dos recursos expressivos que o sujeito escritor pode usar em sua escrita autoral, analise os trechos de contos adiante, considerando os seguintes recursos estilísticos usados: paralelismo (sintático e/ou semântico); repetição (temática e/ou linguística); metáforas e outras figuras de linguagem; frases curtas e frases longas; binômios fantásticos; outros a serem observados.

Escreva sobre como você percebeu o estilo de cada um deles ser tecido ao longo da escrita. Traga exemplos de linguagem para justificar sua reflexão.

Veja o exemplo de leitura atenta:

Texto 1 – Trecho do conto "Urubus sem penas", de Júlio Ubaldo Rybeiro

Às seis da manhã a cidade se levanta na ponta dos pés e começa a dar os primeiros passos. Uma fina névoa dissolve o perfil dos objetos e cria como que uma atmosfera encantada. As pessoas que percorrem a cidade a essa hora parecem ser feitas de outra substância, parecem pertencer a um tipo de vida fantasmagórica. As beatas arrastam-se penosamente até desaparecer nos pórticos das igrejas. Os notívagos, macerados pela noite, voltam para casa envoltos em cachecóis e melancolia. Os lixeiros iniciam seu passeio sinistro pela avenida Pardo, armados de vassouras e carrinhos. A essa hora também se veem operários caminhando para o bonde, policiais encostados nas árvores, bocejando, jornaleiros roxos de frio, empregadas tirando as latas de lixo. Por fim, como que atendendo a um misterioso chamado, surgem os urubus sem penas.

O trecho em análise é o parágrafo de abertura do conto "Urubus sem penas", do escritor Júlio Ubaldo Rybeiro, e traz uma descrição de um amanhecer na cidade. O início e o fim do parágrafo se encontram, do ponto de vista temático, pois ambos apresentam um clima misterioso da atmosfera.

Isso pode ser visto pelas escolhas lexicais associadas ao campo do mundo não material, ou fantasmagórico, como em "fina névoa dissolve o perfil dos objetos e cria uma atmosfera encantada"; as pessoas são apresentadas por meio de uma estrutura textual em paralelismo "as pessoas parecem ser feitas de outra substância", em seguida: "parecem pertencer a um tipo de vida fantasmagórica".

A repetição do verbo "parecem" ajuda a posicionar o narrador com certo distanciamento da narrativa. O trecho é escrito de modo que conseguimos enxergar o ambiente, as personagens e o clima misterioso que inicia o conto.

Depois de começar com essa atmosfera, o trecho traz uma 'pintura' das pessoas que circulam na cidade e os recursos de revelar (mostrar) em vez de dizer são evidentes, como em "as beatas arrastam-se penosamente", "os notívagos voltam para casa envoltos em cachecóis e melancolia", "os lixeiros [...] armados de vassouras e carrinhos", do mesmo modo se segue com policiais com sono (bocejando, encostados em árvores), com os jornaleiros sentindo frio (roxos de frio), os operários e as empregadas em movimentação.

A escolha cuidadosa das palavras nos revela o princípio da precisão e o estilo único aparece nas escolhas lexicais, incluindo binômios fantásticos, como no paralelismo em "envoltos em cachecóis e melancolia" e em "armados de vassouras e carrinhos"; outros destaques das precisas e intencionais escolhas lexicais estão em: "passeio sinistro"; "desaparecer nos pórticos das igrejas" (as beatas não entram na igreja, elas desaparecem nos pórticos); "macerados pela noite" (para se referir aos notívagos – ou seja, aqueles que andam pela noite), criando o efeito semelhante ao da personificação que abriu o parágrafo para tratar da cidade que "se levanta na ponta dos pés e começa a dar os primeiros passos".

O fato de o conto não apresentar nenhum nome de personagem e de trazer apenas uma descrição do ambiente, repleta de vivacidade e de escolhas estilísticas tão próprias (a única referência de lugar que temos é a avenida Pardo, que foi feita apenas na metade final do parágrafo), ajuda a gerar curiosidade no/a leitor/a. Traçando uma comparação do primeiro sintagma nominal do parágrafo e do último, vemos a precisão: "Às seis horas da manhã" e "urubus sem penas", o título do conto (aguça também a curiosidade, pois termina o parágrafo com o título).

Texto 2 – Trecho do conto "Amor", de Clarice Lispector

Um pouco cansada, com as compras deformando o novo saco de tricô, Ana subiu no bonde. Depositou o volume no colo e o bonde começou a andar. Recostou-se então no banco procurando conforto, num suspiro de meia satisfação.

Os filhos de Ana eram bons, uma coisa verdadeira e sumarenta. Cresciam, tomavam banho, exigiam para si, malcriados, instantes cada vez mais completos. A cozinha era enfim espaçosa, o fogão enguiçado dava estouros. O calor era forte no apartamento que estavam aos poucos pagando. Mas o vento batendo nas cortinas que ela mesma cortara lembrava-lhe que se quisesse podia parar e enxugar a testa, olhando o calmo horizonte. Como um lavrador. Ela plantara as sementes que tinha na mão, não outras, mas essas apenas. E cresciam árvores. Crescia sua rápida conversa com o cobrador de luz, crescia a água enchendo o tanque, cresciam seus filhos, crescia a mesa com comidas, o marido chegando com os jornais e sorrindo de fome, o canto importuno das empregadas do edifício. Ana dava a tudo, tranquilamente, sua mão pequena e forte, sua corrente de vida.

Texto 3 – Trecho do conto "Felicidade", de Katherine Mansfield

Embora Bertha Young já tivesse trinta anos, ainda havia momentos como aquele em que ela queria correr, ao invés de caminhar, executar passos de dança subindo e descendo da calçada, rolar um aro, atirar alguma coisa para cima e apanhá-la novamente, ou ficar quieta e rir de nada: rir, simplesmente.

O que pode alguém fazer quando tem trinta anos e, virando a esquina de repente, é tomado por um sentimento de absoluta felicidade – felicidade absoluta! – como se tivesse engolido um brilhante pedaço daquele sol da tardinha e ele estivesse queimando o peito, irradiando um pequeno chuveiro de chispas para dentro de cada partícula do corpo, para cada ponta de dedo?

Texto 4 – Trecho do conto "Memória de Natal", de Truman Capote (tradução de Samuel Titan Jr.)

Imagine certa manhã em fins de novembro. Certa manhã num começo de inverno há mais de vinte anos. Tenha em mente a cozinha de uma velha casa espaçosa numa cidade de interior. A peça principal é um belo fogão preto; mas também há uma grande mesa redonda e uma lareira com duas cadeiras de balanço em frente. Hoje mesmo a lareira deu início ao seu rugido sazonal.

Uma mulher de cabelos brancos e tosados está postada diante da janela da cozinha. Usa um par de tênis e um suéter cinza disforme sobre um vestido leve de chita. É baixinha e vivaz como uma galinha garnisé; mas, por conta de uma longa doença na juventude, tem os ombros lamentavelmente arqueados. O rosto é notável – lembra o de Lincoln, marcado como o dele e tingido pelo sol e pelo vento; mas também é delicado, bem desenhado, e os olhos são tímidos e cor de xerez. "Ah", exclama, o hálito embaçando a vidraça, "é tempo de bolo de frutas!"

Ela está falando comigo. Tenho sete anos; ela tem sessenta e tantos.

SUGESTÕES DE LEITURAS

Indicamos, assim como Francine Prose (2008), que você tenha uma série de livros inspiradores em termos estilísticos para consultar quando sentir que está precisando destravar ou desbloquear sua escrita. Ela própria sugere os seguintes autores/as: Samuel Johnson, Virginia Woolf e Philip Roth. Nós indicamos também Clarice Lispector, Mia Couto, Gabriel García Márquez e Fernando Pessoa.

BIBLIOGRAFIA COMENTADA

Norman Fairclough (2003), em sua obra *Analisando discursos*, traz um panorama discursivo crítico para tratar de gêneros, discursos e estilos no âmbito do elemento linguístico das práticas sociais. Focaliza, nesse sentido, nos modos de agir, de representar e de ser.

Mikhail Bakhtin (2011), nas obras *A poética de Dostoievski* e *Estética da criação verbal*, trata de conhecimentos de linguagem com foco central em dialogismo, polifonia, relações dialógicas, monólogo interior dialogizado e carnavalização.

Francine Prose (2008), em *Para Ler como um escritor*, traz capítulos bem importantes para os conhecimentos construídos neste livro: o capítulo 1, que trata de leitura atenta; o capítulo 2, que trata das palavras; o capítulo 3, que focaliza as frases e o 4, que abarca o parágrafo.

RESUMINDO O CAPÍTULO

Neste capítulo, tratamos da autoria em termos de estilo textual, através da recontextualização dos estudos de estilística sob o viés discursivo. Trouxemos os conhecimentos de Norman Fairclough (2003; 2016), em especial no que diz respeito aos "estilos" e dialogamos com os modos de agir (significados acionais), de sentir (significados identificacionais) e de pensar (significados representacionais). Analisamos alguns recursos estilísticos empregados nas escritas acadêmicas e trabalhamos com a metodologia da consciência discursiva crítica atrelada à consciência estilística. Por fim, trouxemos um panorama de contribuições textualmente orientadas, com foco em análises e reflexões conceituais sobre figuras de linguagem, divididas em "figuras semânticas", "figuras de pensamento e de sensações" e "figuras de sintaxe e gramática". Para encerrar o capítulo, dialogamos com Francine Prose, associando os conhecimentos estilísticos à técnica *close reading*, ou leitura atenta, por meio de um olhar minucioso para as palavras, as frases e os parágrafos.

Tempo da autoria: leitura ativa e escrita autoral

O que é autoria? O que são textos autorais? O que significa dizer que um texto tem marcas de autoria?

Neste capítulo vamos traçar um panorama das discussões mais recentes sobre autoria a partir de um olhar discursivo e decolonial sobre o tema.

Já temos dito que partimos de uma noção de autoria criativa "que se associa com a ideia de transformação no campo do nosso pensar, do nosso sentir e nosso agir no mundo" (Dias, 2021). Partindo desse eixo como ponto de apoio para construção desse conceito, vamos dialogar com outras pessoas que se dedicam a trabalhar com autoria, no campo dos estudos linguísticos. Vamos trazer as seguintes participações:

1. A voz do linguista Sírio Possenti (2002), a partir do texto "Indícios da autoria".
2. Resgataremos o debate atual que tem ocorrido no grupo de pesquisa Gecria, através dos estudos sobre autoria sob o viés discursivo crítico, tomando por base as publicações mais recentes e as reflexões não publicadas oficialmente, mas registradas como

dados discursivos de nossas etnografias críticas sobre os processos de leitura e de escrita.

3. Incluiremos também as contribuições de Gaston Bachelard com a fenomenologia do imaginário e as imagens associadas à sua autoria, dividida em pensamento diurno (escritas de cunho epistemológico) e pensamento noturno (reflexões poéticas), ambos como movimentos conectados em relação de completude.

No livro *A poética do devaneio*, Gaston Bachelard (1996) nos diz que

> para escrever, aliás, já o autor operou uma transposição. Ele não diria aquilo que escreve. Adentrou – que ele se defenda disso não muda em nada a realidade do fato – no reino do psiquismo escrito. (Bachelard, 1996: 14)

> Quando um sonhador de devaneios afastou todas as "preocupações" que atravancavam a vida cotidiana, quando se apartou da inquietação que lhe advém da inquietação alheia, quando é realmente o autor da sua solidão, quando, enfim, pode contemplar, sem contar as horas, um belo aspecto do universo, sente, esse sonhador, um ser que se abre nele. (Bachelard, 1996: 165)

Falar de autoria neste livro não será simplesmente falar de estilo. Já passamos pela recontextualização do conceito de estilo sob a ótica discursiva, levando em consideração os aspectos identitários, existenciais, biográficos e contextuais que atravessam o jogo estilístico de cada texto. O que significa dizer que partimos de um enfoque discursivo para falar de autoria, assim como instituiu Michel Foucault (especialmente sob o enfoque da escrita de si).

A perspectiva discursiva faircloughiana traz a trimembração relacionada a modos de representar, modos de agir e modos de (se) identificar em discursos textualmente concretizados. Segundo essa abordagem, também a vida é composta de práticas sociais em redes, de forma que elas interagem umas com as outras a partir de alguns elementos, quais sejam: as facetas materiais, as relações sociais que atravessam as práticas, os discursos, os aspectos identitários das pessoas, como suas histórias de vida e as crenças cristalizadas, seus desejos, seus emaranhamentos, suas convicções, suas 'ladainhas' internas etc.

Com esse panorama discursivo, podemos olhar para a autoria e situá-la cuidadosamente no âmbito discursivo. Antes, vamos imaginar que a autoria é um andarilho que ama tanto a estrada que se constituiu como ser existente através de suas caminhadas diurnas e noturnas. Imagina ainda que esse andarilho passa por diversos cenários, como cidades, matas, rios, instituições e que nunca deixa de caminhar. Anda com uma mochila nas costas onde ele leva todas as memórias de sua infância, de sua adolescência e boa parte das imagens vividas de sua vida adulta. De dia, o andarilho encontra pessoas durante a caminhada e, às vezes gosta de ser visto, às vezes não gosta. Ele é um bom escutador de histórias e todos apreciam contar suas vidas para ele. Quando o sol se põe, o andarilho continua caminhando sob as estrelas e fica com seus sonhos e devaneios. Nesse momento, ele lembra de tudo o que ouviu e pensa. Simplesmente pensa. E caminha.

Nossa autoria está tanto na mochila como nos passos do andarilho; parte dela está no encontro com as pessoas e nas histórias que tocam o coração; está também nos sonhos e nos devaneios. Todavia, podemos dizer que a autoria está, sobretudo, na caminhada, no gesto de caminhar. Queremos dizer com isso que, quando escrevemos nossos textos (poemas, contos, anúncios, bilhetes, resenhas, teses, e-mails, reclamações etc.), nós acionamos um encontro entre o 'eu' e o mundo, entre o 'eu' do passado e o 'eu' do agora, entre o 'eu' e 'palavra' autoral. Tudo nos atravessa e não existe o texto sem o autor, assim como não existe autor sem história, sem memória, sem sentir, sem pensar e sem se relacionar.

Foucault, na década de 1980, em sua fase investigativa sobre os modos do ser "ser consigo", se dedicou à pesquisa da escrita de si como uma prática de cuidado de si. Escrevendo, o sujeito criava a si mesmo. A partir desse olhar, precisamos passar pelas questões da escrita como gesto de dominação (escrita como poder), pelas reflexões sobre escrita como gesto do campo do saber (escrita como técnica), para alcançar, nessa espiral filosófica, a escrita como gesto constitutivo do ser, a semente da autoria, desmembrada em múltiplas dimensões.

Devemos esse modo de olhar a autoria à Michel Foucault. Nesse sentido, seguindo essa fonte de inspiração, podemos traçar um caminho de compreensão da autoria como algo que vai do 'eu' para o mundo, atravessado pelas escolhas mais ou menos conscientes desse ser e estar dentro de si mesmo e fora, na vida externa. É nesse portal, nessa passagem que as escolhas acontecem e que a fresta da liberdade se plasma.

Ainda caminhando com Foucault na construção dessa passagem da interioridade do 'eu' que escreve para o mundo, para o 'outro', encontramos o cuidado de si como gesto primordial que se revela em três facetas: (i) como a capacidade de ver e de rever as próprias ações, descartando aquelas que não sintonizam com o cuidado de si – pode ser chamada de faceta crítica do ato de escrever ou **escrita criativa**; (ii) como a prática que sustenta forças de mudança permanentemente acesas, a faceta da luta no ato de escrever, a qual podemos chamar de **escrita insurgente**; (iii) e, por fim, a faceta da cura, ou seja, quando o cuidado de si se aproxima de uma capacidade de se observar e de tomar atitudes regenerativas diante processos cíclicos que aprisionam o 'eu' – podemos chamar de **escrita curativa**. A autoria, na concepção que propomos, inclui essas três facetas, a escrita criativa (crítica), a escrita insurgente e a escrita curativa.

EXERCÍCIO 1 – ATIVIDADE

Vamos vivenciar a consciência autoral na escrita?

A seguir, partilhamos com você uma sequência de breves tarefas (no bojo de um único exercício criativo) em que será possível vivenciar a conscientização autoral de seus textos. É importante que você siga cada etapa com dedicação e deixe cada texto 'dormir' de um a dois dias entre um exercício e outro. Vamos lá?

- **Parte 1**

    "O pouco no muito": escolha uma imagem com muitos detalhes e selecione um pequeno detalhe da imagem. Observe atentamente esse aspecto e escreva por cinco minutos sobre esse pequeno traço que te chamou a atenção.

- **Parte 2**

    "O muito no pouco": escolha uma imagem simples (sem muitos detalhes) e amplie esse olhar; traga o cenário que rodeia a imagem; amplie o olhar e inclua pessoas, situações, movimentos. Você deve *mostrar* a cena que viu (não apenas *narrar*). Escreva por sete minutos sem parar.

- **Parte 3**

  "Metáfora guia": escreva por sete minutos sem parar a partir de uma imagem qualquer (pode escolher um objeto ou uma cena). Em seguida, você deve cortar o máximo de palavras que conseguir (no mínimo, 50% das palavras, ou seja, metade do texto deve ser cortado). Por fim, escolha uma metáfora que combina com o tema do texto (pode ser qualquer metáfora: sol, água, trem, rede, colo) e essa metáfora vai 'abrindo' novas possibilidades de reescrita, vai sendo um 'guia' do texto do início ao fim.

- **Parte 4**

  "Carnavalização": escolha um texto já escrito por você (pode ser o texto do Exercício 1 ou 2) e aplique a técnica da **carnavalização** dos textos (com base em Bakhtin). Ou seja, você deve reescrever esse texto de forma a 'bagunçá-lo', trazendo os seguintes elementos: a inversão da ordem (vida às avessas), a subversão da lógica (mundo invertido), a inserção do grotesco, de traços corporais nos personagens que sejam completamente fora do 'padrão' colonial. Você pode, por exemplo, preencher o texto com perguntas irônicas ou críticas, pode alternar frases 'normais' com frases 'malucas'. Vamos ver um exemplo inspirador:

  > caminho → minho, pequeno. Minho ou ninho? Ninho para repousar, lugar de onde se precisa sair e caminhar. Caminhar um caminho, pequeno. Se fosse grande seria um caminhão? Daria medo igual àqueles caminhões Fenemê da infância que levavam os circos lá para perto da tua casa. Lembra? Não precisa mais ter medo, você cresceu. Caminhão feio ou bonito é meio de locomoção, mas o teu é caminho. Passo a passo, lentidão e observação.

  > (Por Sila Marisa de Oliveira)

EXERCÍCIO 2 – ATIVIDADE

Agora você vai juntar em um único texto todos os pequenos exercícios feitos até aqui ao longo desta breve jornada de escrita.

Quando nos entregamos a uma jornada da autoria, rompemos com os aprisionamentos de nossa subjetividade construídos em relações de dominação. Se partimos de uma noção de língua como interação, se consideramos o texto e o contexto de produção e se nossa perspectiva abrange a historicidade, as ideologias e as posições de sujeito que atravessam nossa autoria, precisamos considerar a força motriz da ruptura, da mudança em padrões repetitivos de memória, de significação e de escrita. Por tudo isso é que consideramos que um texto autoral precisa passar pelos três gestos já mencionados anteriormente: o impulso (a alma), a intuição (a pele – a linguagem) e a pulsação (o corpo do texto).

Ao nos dedicarmos à nossa escrita autoral em comunidades, a partir das dinâmicas do gesto **impulso** (desbloqueio), podemos sentir os seguintes efeitos da nossa autoria (efeitos como força motriz de novos fazeres – efeitos causais):

1. *Desembaraçar* a escrita, usualmente marcada por interditos.
2. Promover uma auto-observação ativa do texto de modo a levar o/a escritor/a a perceber como há repetições desnecessárias, como certas classes gramaticais são utilizadas para preencher o texto com representações antigas, como, por exemplo, as conjunções, os pronomes, certas adjetivações etc.
3. Sensibilizar o/a escritor/a para pontuar o texto de modo criativo, após o corte de palavras.
4. Desbloquear a partilha do texto, pois, nesse jogo, observamos que os/as participantes apreciam o ato de ler os próprios textos para os/as colegas, revelando as versões.

Nossa autoria se constitui no gesto do impulso toda vez que nos dedicamos a ampliar o olhar sobre o mundo e sobre tudo o que há no mundo (pessoas, relações, acontecimentos, sentimentos etc.) a partir de um estado de presença repleto de percepção. É o foco nas nossas sensações, nas inspirações. É o movimento da abertura para o aqui e o agora. É o sensível que possibilita representações atualizadas, de modo a não vivermos tão presos em representações do 'eu' do passado ou de uma ideologia social (como, por exemplo, a capitalista, racista, colonial). No impulso, nos autorizamos a retomar nosso encontro despojado com as palavras, brincamos com a escrita, inventamos binômios fantásticos, nos divertimos com nossas escritas e escrevemos com dedicação a técnica da escrita espontânea. Levamos cada vez mais a sério a interação entre o viver e o escrever.

Nossa autoria se constrói no gesto da intuição por meio de nossa atenção às escolhas das palavras, especialmente na atenção à linguagem.

Dialogamos com Sírio Possenti (2002) quando ele nos traz como indícios de autoria os seguintes traços que dão densidade aos textos: marcadores específicos de tempo e de lugar (as circunstâncias únicas de cada escrita); vivacidade de descrições ou de exposições, permeadas de movimentos particulares; motivações de profundidade que atuam como motor da narrativa ou do texto argumentativo; elementos da cultura e relações com outros discursos, com outros sistemas de crenças e de valores. Para Sírio Possenti, "as verdadeiras marcas de autoria são da ordem do discurso, não do texto ou da gramática" (2002: 112).

Quando superamos o modo simplificado de conectar as palavras e as frases do texto, quando deixamos de escolher binômios desgastados para nossos textos, estamos nos aproximando de uma escrita mais autoral. Como exemplo, podemos citar o uso de adjetivações muito próximas em uma mesma cadeia de significação (como belo e bonito, fundamental e importante, chovia grosso e forte etc.), usos lexicais muito usados (como em "já era tempo", "não via a hora", "fim da linha" etc.), verbos que trazem distanciamento e pouco nível de subjetividade ("afirmou", "disse", em contraposição a "sussurrou", "defendeu", "negou" etc.). O uso de advérbios costuma funcionar como marcadores autorais muito eficazes em uma reescrita. Tudo isso vai se figurando como um caminho de construção para um texto único autoral.

Ao usar a imagem da pele para o gesto da intuição, como se a linguagem fosse a pele do texto, podemos imaginar que temos duas formas de marcar a autoria: podemos hidratar essa pele ou esfoliar essa pele. Ao incluir metáforas, ao ampliar as imagens que o texto evoca, escolhendo incluir textura, cheiros, lembranças ou cores, estamos hidratando a pele do nosso texto. Por outro lado, ao cortar palavras, ao abrir mão de uma frase inteira e tomar consciência do excesso de *dizer* (em vez de *mostrar*) dos nossos textos, estamos esfoliando nossa linguagem.

Assim, nesse gesto surge uma nova atitude entre quem escreve e o texto em si, o que é especialmente potencializado em trabalhos coletivos em comunidades de escrita. Passamos a olhar para o nosso próprio texto com leveza, com liberdade; não guardamos o texto só pra nós, modificamos a crença de que "Eu sou meu texto". "Não, eu não sou meu texto". O texto se torna completamente aberto para ser qualquer coisa que ele queria ser; quem sabe um texto narrativo quer ser um poema? É uma atitude de desapego e não de abandono. Estamos abertos/as para trabalhar o texto quantas vezes for preciso.

E, finalmente, **nossa autoria se constitui no gesto da pulsação** quando chegamos ao corpo do texto. Já incorporamos e encarnamos nossa autoria. Chegamos a uma relação com nossa escrita como forma de liberação, estamos engajados e presentes na nossa escrita. Nossa consciência estilística e discursiva está bem trabalhada e conseguimos marcar nossa subjetividade nos nossos textos.

Quando nossos textos fluem com níveis de julgamentos negativos baixos, entramos na "sala interna" da nossa autoria: nossos começos, nossas palavras, nossas expressões e nossas dores. As dores fazem parte da jornada da escrita e operam como uma limpeza na nossa autoria. Entramos em uma 'casa' em que nossas palavras moram.

A autoria tem a ver com a autorização para o ser, para o querer. É preciso retirar tudo o que anestesia a nossa capacidade de observação, de sensação e de memória. Quando voltamos à infância e nos lembramos de alguma cena em que fomos reprimidos na nossa escrita e na nossa autoria, quando deixamos essa cena voltar à memória em detalhes, tomamos uma nova atitude: olhamos a partir de outra perspectiva, do olhar do adulto. Essa mudança de visão é curadora por si só. Experimenta, faz essa reflexão e anota em seu caderno de escrita.

CONSTRUINDO UM CAMINHO DA AUTORIA EM CINCO PASSOS

A linguagem deve ser concebida como ausculta do outro. Sob a ótica da fenomenologia steineriana (de Rudolf Steiner), é necessário realizar uma metamorfose linguística; a linguagem deve ser revestida de símbolos novos, pois se trata de fenômeno criativo humano.

Para nascer o pensar novo, o pensar autêntico, é preciso deixar de ver o 'outro' como 'objeto' e passar a considerá-lo em sua dinamicidade. Ver o 'outro' em sua dinamicidade (vitalidade) enriquece o processo de crítica consciente da linguagem criativa autoral.

Já ficou claro que a autoria está relacionada ao *como* se diz, se conta ou se escreve algo e não exatamente ao *o que*. Gianni Rodari (1973) nos fala sobre as perguntas narrativas que nos ajudam a desenvolver um pensamento criativo. Quando estamos diante de uma situação qualquer, podemos nos perguntar "como isso termina?", em vez de simplesmente questionar "O que é isso que está acontecendo?". Essa mudança de foco para a pergunta narrativa nos ajuda a penetrar no universo da imaginação e, consequentemente, no mundo criativo da autoria. Podemos pensar dessa forma em termos de espaço-tempo também: ao chegarmos em um lugar, por exemplo, podemos cultivar as seguintes perguntas criativas: "Quem vive aqui?"; "Quem quer ir embora daqui?"; "Quem deseja buscar algo que esqueceu aqui?". Se, no lugar dessas perguntas, nos detivermos a perguntar "Que lugar é esse?", perderemos a chance de ampliar nossa capacidade autoral de criar, a partir de escolhas particulares, escreveremos textos com alto nível de generalização e de abstração. Importante considerar as paisagens humanas e não apenas o ambiente físico, ao lançarmos mão de perguntas criativas referentes aos espaços enunciativos.

Seguindo essa postura criativa, podemos evocar cinco elementos importantes para os estudos de linguagem que são marcadores da autoria. Nossa inspiração está nos cinco princípios da linguagem que Noemi Jaffe (2021) traz; todavia, articulamos suas ideias com as noções de autoria trabalhadas até aqui. Vamos lá?

Os dois primeiros elementos foram abordados no primeiro capítulo deste livro, que são: tudo que precisamos para escrever são palavras e o resgate da resistência das palavras.

Os próximos elementos linguísticos marcadores da autoria são: simplicidade, concisão, intencionalidade, expressividade, originalidade e estranhamento. Vamos propor, em seguida, uma reflexão prática e uma proposta de escrita.

Simplicidade

Ao escrever um texto por meio da técnica da escrita espontânea e ao nos dedicarmos ao ato de cortar palavras, podemos desejar que nosso texto sintonize com uma linguagem direta, simples e concisa. Para isso, precisamos nos encher de coragem para cortar palavras e para traduzir nossas expressões e usos de linguagem rebuscados em formas linguísticas concisas.

É preciso, definitivamente, abrir mão do nosso desejo de escrever 'bonito', pois essa busca nos coloca sempre em uma postura julgadora, em uma armadilha interna, afinal onde há o bonito, há o feio. Precisamos reescrever nossos textos quantas vezes forem necessárias até chegarmos a uma forma simples. Parece bem contraditório não é?

Como vou ter traços de autoria no texto,
se reduzo a escrita ao máximo com foco na simplicidade?

Não chegaria com esse gesto a um texto 'universal',
ao invés de particularizar minha escrita?

Não abriria mão da minha singularidade?

A resposta é: faça uma tentativa e veja por si mesmo/a. Um texto simples não significa que não tem autoria, assim como um texto complicado também não significa ter autoria. O texto simples pode ser denso, profundo, sobretudo, quando se evidencia a cena (o mostrar), em vez do dizer. Vamos ao exemplo?

> Entrei num café que ficava perto de uma igreja, sentei-me numa mesa do fundo e fiquei pensando na vida. Eu sabia isolar as horas de felicidade e encerrar-me nelas; primeiro roubava com os olhos qualquer coisa descuidada da rua ou do interior das casas e depois a levava para minha solidão. ("O crocodilo", de Felisberto Hernandez, Disponível em: http://contosquevalemapena.blogspot.com/2015/05/46-crocodilo-f-hernandez.html.)

Em seguida, temos um exemplo de reescrita com foco na simplicidade e concisão. Trazemos duas versões do mesmo texto, após ser reescrito pela pesquisadora Adriana Azambuja, apenas com a técnica do cortar palavras.

Versão 1:

Escolha. Essa palavra sempre significou ansiedade para mim. É como se fosse um ultimato. ESCOLHA! Mas como escolher se quero tantas coisas? Escolhas pressupõem perdas. Não gosto de perdas. Mas olhando bem, saboreando sua morfologia, eis que encontro o verso 'colher' inscrito nessa tão perversa palavra. E vejo que colher é mais fácil que escolher. Eu posso, então, colher prioridades e continuar regando o que não coube no meu balaio desta vez. Encontrei a palavra colheita dentro da palavra escolha.

O que mais posso pescar nessa palavra tão surpreendente? Ela deixou de ser perversa e me mostrou uma nova possibilidade de encarar as escolhas. Isso porque deixei que ela se mostrasse para mim, por dentro. Peço desculpas, intrigante palavra. Não te sinto mais perversa. Que bom.

(Por Adriana Azambuja)

Versão 2:

Escolha. Ansiedade. Ultimato.
ESCOLHA!
Como escolher, se quero tantas coisas?
Escolhas. Perdas.
(Não gosto de perdas.)
Escolher, colher...
Colher prioridades, continuar regando.
Encontrei a palavra colheita dentro da palavra escolha.
O que mais posso pescar nessa palavra tão surpreendente?
Ela deixou de ser perversa se mostrou para mim,
por dentro.
Peço desculpas, intrigante palavra.
Não te sinto mais perversa.
Que bom.

(Por Adriana Azambuja)

Percebeu a diferença entre as versões? Na primeira, temos um excesso de explicação, excesso de reflexão; já no segundo, com a concisão e a linguagem direta (em forma de poema), foi possível penetrar mais fundo na reflexividade do texto. Ao explicar demais, trazer muitos comentários, ou seja, ao complicar a escrita não permitimos que o/a leitor/a co-crie, se emocione, imagine e se engaje na leitura.

EXERCÍCIO 3 – ATIVIDADE

Use evidências para confirmar suas afirmações. Mostre as afirmações a seguir.

1. Ela é uma mãe ausente.
2. Joana sentia muito medo de morrer.
3. Carlos suportava o casamento.
4. Ele exagera nos exercícios físicos.
5. Hanna tem trauma de viajar de avião.

Concisão

Quando nos dedicamos à tarefa de cortar palavras do nosso texto é preciso fazer outro movimento bastante útil para a concisão: fechar o nosso foco palavra por palavra, frase a frase, parágrafo por parágrafo. Quando detemos nosso olhar analítico em cada pequeno pedaço de nosso texto, conseguimos enxergar melhor o que está 'sobrando', ou mesmo, como ficaria se cortássemos um artigo aqui, um adjetivo ali ou uma frase inteira mais adiante.

Em geral, os começos (as duas primeiras frases) costumam ser prioritariamente escritas para desbloqueio, ou seja, elas podem ser cortadas sem nenhum prejuízo ao texto. Essa análise vale para escrita acadêmica também. A concisão revela um pensamento organizado e costuma apresentar reflexões mais profundas e densas.

Flaubert nos fala sobre "a palavra justa", Ítalo Calvino elege a "exatidão" como uma das propostas para o próximo milênio. Para Calvino (1994: 71), a exatidão se expressa em três aspectos:

> 1) um projeto de obra bem definido e calculado; 2) a evocação de imagens visuais nítidas, incisivas, memoráveis; 3) uma linguagem que seja a mais precisa possível como léxico e em sua capacidade de traduzir as nuanças do pensamento e da imaginação.

O autor critica a linguagem descuidada e o automatismo da linguagem. Na nossa jornada da autoria, é a conscientização linguística e estilística que deve tomar a frente das nossas reescritas para que nossa busca por uma linguagem concisa gere também escolhas singulares e autorais.

De acordo com Ítalo Calvino, esse automatismo no uso das palavras tem algumas consequências, como: (i) nivelamento da linguagem; (ii) fórmulas genéricas e anônimas (qualquer pessoa poderia ter escrito); (iii) uso de expressões abstratas; e (iv) embotamento de pontos expressivos. Todas essas consequências colaboram para o apagamento da autoria, ou seja, daquela "centelha que crepita no encontro das palavras com novas circunstâncias" (1994: 72).

Nos gêneros acadêmicos é muito comum encontrarmos esse automatismo na escrita e acreditamos ser importante a superação dessa tendência da não autoria em textos científicos. Essa superação tem a ver com a construção de um olhar crítico e decolonial na escrita acadêmica, especialmente na área de ciências humanas.

Podemos observar a diferença entre os seguintes trechos retirados de textos acadêmicos da área de Letras. Chamamos a atenção para as marcas autorais do segundo texto em função da exatidão no uso das palavras; exatidão entendida aqui como escolhas autorais e singulares de certos termos e expressões. Vamos refletir sobre isso? Como a linguagem genérica e o excesso de abstração nos afastam dos conhecimentos que fazem sentido em profundidade?

> a) "É fundamental compreender, logo de início, as potencialidades de aplicação da categoria analítica em foco. A leitura na escola, em geral, está associada à demonstração de determinadas habilidades. O efeito mais comum em práticas pedagógicas de letramento escolar é a limitação da escrita discente." (Exemplo de excerto – simulação)
>
> OU
>
> b) "Os alunos aprendem cedo que a função primária da maior parte da escrita escolar é demonstrar suas habilidades na escrita, o que significa expor suas fraquezas. O medo da caneta vermelha indicando falhas, erros ou desempenho inadequado pode contaminar as tarefas de escrita escolar e os alunos podem limitar suas ambições relativas à sua escrita para minimizar os riscos da correção." (Bazerman, 2006: 15)

É possível perceber como as escolhas das palavras específicas reverberam no segundo texto. Registre em seu diário de bordo como você percebeu as diferenças entre os trechos, em termos de autoria e sobre a precisão na escolha das palavras. Observe os seguintes usos no segundo trecho: "caneta vermelha", "expor fraquezas", "suas ambições" "minimizar os riscos". São escolhas feitas a partir de um ponto de vista real, de um sujeito autor posicionado, ou seja, de autoria.

A seguir, partilhamos um trecho de uma tese de doutorado em andamento na área da linguagem. É um parágrafo que introduz a participação de uma autora em seção teórica de uma pesquisa sobre escrita e escola. Podemos ver como é possível trazer uma voz científica autoral, no bojo da escrita acadêmica. Em vez de simplesmente escrever "segundo a autora, a escrita escolarizada significa...", é possível trazer elementos biográficos motivadores dessas reflexões, marcando, assim, escolhas autorais específicas:

> A professora bell hooks (2013) encontra, na sua história estudantil, motivação para traçar uma pedagogia crítica engajada. Foram suas experiências como aluna em aulas tediosas que a habilitaram a pensar num novo modelo de práticas pedagógicas, repensando, assim, a sala de aula como um ambiente de possibilidades.

Em seguida, apresentamos a exatidão em um texto literário.

Avesso

O avesso é um verso
do tempo, vexado
em desalento.
Visceral, abissal,
casaco de malha
dos contratempos.
Sonhos parisienses
são o revés de um avesso.
Cartas queimadas
são as entranhas de um avesso.
Veste-se de avesso,
do avesso, para
desencontros violentos.

(Por Ellen Kassavara)

Nesse poema, percebemos como a concisão da linguagem é significativa ao criar um contraste metalinguístico entre a palavra "avesso" e seus significados poéticos.

EXERCÍCIO 4 – REFLEXIVIDADE

Escolha um dos seus textos e corte tanto até que ele se transforme em um poema ou em um haicai. Faça isso com outros textos acadêmicos e ficcionais e analise como foi vivenciar a experiência da concisão.

Intencionalidade e expressividade

A consciência estilística nos leva a fazer escolhas intencionais em nossos textos e, assim, alcançar uma expressividade singular na nossa autoria. Um erro intencional, a não nomeação dos personagens, a ausência de verbos, a escolha de certas metáforas, todos esses recursos e muitos outros, quando usados intencionalmente na tessitura do texto, torna essa escrita autoral.

Por exemplo, a repetição e o uso de frases curtas em certos trechos do romance da Paulina Chiziane (*O alegre canto da perdiz*) marcam as diferenças entre dois mundos. O artigo indefinido "uns" funciona como identificação; "outros" como diferenciação. Além disso, as frases curtas trazem uma estrutura do sensível para o texto e para marcação de autoria.

> Somos de diferentes gestas. Diferentes ventres. Diferentes lugares. **Uns** nascendo nos canaviais, **outros** na estrada. Uns no alto mar. **Outros** em cama dourado dos príncipes. **Uns** fugiram de casas de luto cobertas de fogo. **Fogo posto**. **Por demônios**.

EXERCÍCIO 5 – ATIVIDADE

Leia a seguir o trecho da crônica "A viúva na praia", de Rubem Braga, e responda:

> Vivo! Vivo como esse menino que ri, jogando água no corpo da mãe que vai buscá-lo. Vivo como essa mulher que pisa a espuma e agora traz ao colo o garoto já bem crescido.
>
> (Rubem Braga)

O que a repetição de "vivo" causa no texto?
O que você depreende do narrador/autor? Qual é o sentido oculto?

Originalidade

O elemento da originalidade tem a ver com nossas origens, nossas raízes, ancestralidade e biografia. Trata-se da combinação entre passado e futuro, entre conhecido e desconhecido.

Como vimos neste livro, é preciso resgatar nossas palavrasmundo (Paulo Freire) para falarmos de nossa autoria. Essa atitude de "re-olhar", revistar, recontar, tudo isso gera um olhar criativo e mutante. Lembra do exercício: Que personagens te encantaram? Que livros te 'amarraram' a alma? Essas e outras perguntas são pistas para o elemento da originalidade na composição de sua autoria.

Ser original é escolher as combinações e fazer algo novo. Por isso é tão importante a realização da pesquisa de si (como foi feito anteriormente): criar um mapa de imagens e escritos de si – recolher fotografias, desenhos, recortes e colagens que representem a infância, a adolescência, as crises, os amores e as dores – quais são os temperos da sua existência? O que eu copio que me encanta?

EXERCÍCIO 6 – ATIVIDADE/REFLEXIVIDADE

Procure em seu diário de bordo da autoria alguma frase ou imagem que te capturou até aqui e escreva por sete minutos sem parar. Depois pegue uma fotografia da sua infância e, após cortar 20 palavras do trecho escrito, escreva por mais cinco minutos incluindo a cena da infância. Em seguida, e por fim, reescreva os dois trechos de textos, unindo-os e inserindo o foco narrativo na terceira pessoa, ou seja, o 'eu' deve ser transformado em um personagem com nome próprio, características especiais e outros elementos diferentes de você.

A imagem ou a palavra que escolhemos pescar de outo/a escritor/a, após a leitura de um texto que amamos, se enraíza em nós mesmos; se faz verdadeiramente nossa. Recebemos essa imagem ou palavra, mas nascemos na impressão que poderíamos criá-la (Bachelard). Sentimos tanta aproximação com certas palavras que nos sentimos um pouco autores/as delas também. Já sentiram isso? Quando isso acontece, estamos falando de originalidade. Uma forma de sermos originais é escrever sobre algo a partir de outro ponto de vista. Vamos tentar?

EXERCÍCIO 7 – REFLEXIVIDADE

Escreva sobre uma memória dolorida da sua infância. Agora feche os olhos e reviste essa cena do ponto de vista da sua mãe (onde quer que ela estiver, deixa sua imaginação fluir). Imagine seu olhar, sua preocupação, sua dor como mãe. Agora, de olhos fechados, escreva cena sob a perspectiva dela. Veja como ficou e observe as diferenças.

Estranhamento

O estranhamento é um grande recurso autoral, pois apenas você pode escolher como isso vai se dar em seu texto. Significa trazer um movimento para o texto que rompe com a linearidade aparente. Causa surpresa, às vezes graça, às vezes emoção. Significa "estar fora de"; "não pertencer"; "ser estrangeiro". Gostamos de temas estranhos, personagens inusitados, finais diferentes, não é mesmo? Costumam ser experiências interessantes. Noemi Jaffe ressalta que escritores/as se interessam pelos desvios, tanto tematicamente quanto do ponto de vista da linguagem, por uma linguagem que caminha fora dos trilhos – **distração** (andar fora dos trilhos).

Vamos ver um exemplo de poema que "caminha fora dos trilhos"?

Hoje

Indigesta recaída
Sofrida
O que fazer?
Se a palavra é ferida bandida?

Deprimida
Percebida
Ouvida

Corpo sentido
Vivido
Resolvido

Preta querida, aquele abraço!

(Por Madalena Rocha)

Leitura e Produção de Textos

EXERCÍCIO 8 – ATIVIDADE

Ler um conto de Guimarães Rosa (de preferência do livro *Primeiras estórias*) e analisar como o autor expressa na sua escrita o estranhamento. Faça uma análise textual do conto. Se preferir ler o livro completo, faça uma lista de todos os personagens e os analise em termos de estranhamento.

Para finalizar nossas reflexões sobre autoria, traremos nossas bases ontológicas, epistemológicas e metodológicas para a perspectiva discursiva de estilo e de autoria. No quadro a seguir, apresentamos como nossas visões de 'fundo', do âmbito do 'ser', impactam nas teorias que escolhemos e nos métodos que estudamos para compor nossa identidade escritora.

ONTOLOGIA	EPISTEMOLOGIA	METODOLOGIA
Ser humano em sua integralidade, como ser trimembrado (Steiner): PENSAR SENTIR AGIR	Texto como processo Texto como encontro Texto como ação Estudos Críticos de Discurso	Autoria criativa em 3 gestos: 1. Impulso (desbloqueios) 2. Intuição (linguagem) 3. Pulsação (fluxo criativo) Reescritas criativas Avaliação processual Engajamento alto do/a estudante
Redes sistêmicas da vida (Capra, Acosta, Krenak) Constelações de relações: CRENÇAS VALORES DESEJOS	Texto como interação Estudos Críticos de Discurso	Consciência Linguística Crítica Consciência Estilística Crítica Consciência Identitária Crítica Escrita biográfica Escrita sistêmica Escrita afetiva e curativa Foco no "erro criativo"
Ecologias do bem viver	Transaberes Insurgências Interseccionalidades Indisciplinaridades Estudos Críticos de Discurso	Comunidades e rodas de escrita Horizontalidades Pedagogia Crítica de Projetos

Para tanto, precisamos trabalhar para superar as seguintes cosmovisões que geram certas redes de conhecimentos não desejados e métodos de pedagogia da escrita ultrapassados. No quadro a seguir, enfatizamos nossas superações. Vamos ver contra quais correntes nadamos nessa jornada da autoria?

120

ONTOLOGIA	EPISTEMOLOGIA	METODOLOGIA
Ser humano como parte de uma engrenagem de produção Professor e autor como superiores em relação ao aluno e leitor	Texto como produto Foco estrito na linguagem e na gramática Soberania da norma padrão	Foco em nomenclatura gramatical e em esquema rígido de gênero textual escolarizado Cópias Escritas descontextualizadas Ausência de reescritas Aulas expositivas predominantes Poucas atividades de escrita Avaliação com base em notas e em quantidades Correção solitária

SUGESTÕES DE LEITURAS

Italo Calvino (1994), em *As seis propostas para o próximo milênio*, fala sobre leveza, rapidez, exatidão, visibilidade e multiplicidade.

Guimarães Rosa traz em seu livro *Primeiras estórias* variados contos com personagens que atuam segundo o princípio da linguagem ficcional do estranhamento.

Mia Couto (2009), em seus muitos contos, nos apresenta uma linguagem inusitada e peculiar, repleta de estilo subversivo em termos léxico-gramaticais e ficcionais. Indicamos os contos "O não desaparecimento de Maria Sombrinha" e "A menina sem palavra" do livro *Contos do nascer da Terra*.

BIBLIOGRAFIA COMENTADA

Indicamos a leitura do texto de Sírio Possenti (2002), chamado "Indícios de autoria", em que o linguista traça um caminho de entendimento da autoria como efeito simultâneo de um jogo estilístico e de uma posição enunciativa.

Sugerimos a leitura da entrevista concedida pro Michel Foucault, em 1984, intitulada "A ética do cuidado de si como prática da liberdade", em que o autor fala da ética e da liberdade tomando como um dos focos o cuidado de si por meio da escrita de si. Essa entrevista está publicada na obra *Ética, sexualidade e política* (2004).

Por fim, sugerimos mais uma vez a leitura do capítulo "Escrita criativa autoral e estilística da Língua Portuguesa", de autoria de Juliana Dias e outras colaboradoras, no livro *No espelho da linguagem*, disponível através do link https://www.pimentacultural.com/livro/espelho-linguagem.

RESUMINDO O CAPÍTULO

Neste capítulo, apresentamos um panorama das discussões mais recentes sobre autoria a partir de um olhar discursivo e decolonial, de acordo com as pesquisas realizadas pelo Grupo Educação Crítica e Autoria Criativa (Gecria – UnB/CNPq). Dialogamos com o linguista Sírio Possenti (2002), por intermédio do texto "Indícios da autoria", com as noções discursivas de autoria em Foucault e em Fairclough e com o debate filosófico de Gaston Bachelard. A partir dessa trajetória, traçamos e exercitamos uma jornada de construção e de conscientização da autoria, sob o viés crítico e discursivo. Apresentamos uma sequência de exercícios em que foi possível vivenciar a conscientização autoral na própria produção de textos e, em seguida, associamos nossas escritas aos três gestos da autoria: o impulso (a alma), a intuição (a pele – a linguagem) e a pulsação (o corpo do texto). Seguindo essa postura criativa, compreendemos como elementos importantes para os estudos de linguagem atuam como marcadores da autoria: palavras, simplicidade, precisão, originalidade, estranhamento. Para essa construção, partimos dos cinco princípios da linguagem que Noemi Jaffe propõe e os articulamos com as noções de autoria trabalhadas até aqui no livro. Por fim, trouxemos nossas bases ontológicas, epistemológicas e metodológicas para a perspectiva discursiva de estilo e de autoria em profundidade e na prática pedagógica.

Destempo

A visão materialista se solidificou no pensamento científico da humanidade de tal modo que ainda hoje sua influência sutilizada faz parte do centro do modo de fazer pesquisa em ciências humanas. Trata-se de um pensar materialista e imediatista, ainda que revestido de novas roupagens, como as chamadas "habilidades e competências", "empreendedorismo" e "desenvolvimento". O professor Jonas Bach nos lembra que

> O método cartesiano é composto de quatro etapas: a primeira consiste em excluir todas as dúvidas (leia-se: as percepções e sensações oriundas do corpo) e considerar o que é evidente (leia-se: o que é resultado de raciocínio puro); a segunda trata do máximo de análise, em tantas partes quanto possível; a terceira orienta a ordenação do que foi analisado, começando pelo mais simples até o mais complexo; e a quarta aponta as enumerações completas e revisões gerais. O universo é visto como um grande mecanismo e o corpo como uma máquina. (2017: 27)

Para construir um novo caminho do conhecimento, com raízes que possam se aprofundar na construção de uma nova humanidade, é preciso partir de um olhar que englobe três direções:

1. Uma ontologia ou cosmovisão que parte de uma camada mais profunda e que reverbere com essa humanidade do devir – aqui chamamos a imagem da terra e da Terra.
2. Uma epistemologia gerada no fluxo do encontro do sujeito com ele mesmo e com o 'outro' – aqui invocamos a imagem dos seres viventes na terra/Terra.
3. Uma metodologia que se volte para a dinamicidade dos encontros, que seja uma postura de vida, para além da pesquisa científica – que faça parte do modo de viver na terra/Terra.

Partindo, então, dessa grande imagem dos seres viventes vivendo a vida sobre a Terra e na terra, caminhamos por maneiras outras de escrever e de 'ensinar' leitura e escrita para essa geração de jovens que estarão neste planeta por mais tempo que nós, adultos, assim esperamos.

Para isso, invocamos os seguintes elementos:

1. Saberes marginalizados, silenciados e reprimidos como a fenomenologia de Johann Wolfgang Goethe, a fenomenologia de Rudolf Steiner, a cosmovisão de Sobonfu Somé.
2. Vozes brasileiras invisibilizadas sob a lógica colonial de ser, pensar e dizer, como as de professoras e professores de escolas públicas e estudantes da educação básica e de universidades.
3. Uma nova linguagem que seja transgressora o suficiente para romper com as fronteiras previsíveis da ciência e para ousar trazer imagens não como meras ilustrações do dizer, mas como uma nova forma de mediar as polaridades *sensação* x *cognição*, de forma autêntica, poética, em que o símbolo seja um novo estruturante da atividade cognitiva emancipatória (Flusser, Bach, Bachelard).
4. Por fim, evocamos a ideia de ritualizar esse novo modo de pensar, de forma a resgatar palavras banidas da ciência, como **amor, espírito, ritual** (Dias e Bach, 2021).

Se você caminhou conosco até aqui, pode vivenciar essa trajetória e está compreendendo a autoria sob um viés criativo e decolonial. Sobonfu Somé, uma mulher negra que se comprometeu em partilhar os saberes ancestrais da tribo africana, Dagara, onde ela nasceu e viveu, nos diz que no Ocidente, as pessoas tendem a padronizar tudo. Assim, se você descreve um ritual, as pessoas acham que ele se aplica a todas as situações. A despeito de cada caso ser diferente, todos seguirão a mesma fórmula. No ritual tem de ser específico para as pessoas envolvidas. Se você tenta padronizar as coisas, na verdade acaba afastando o espírito das pessoas e trazendo insinceridade. (Somé, 2007: 56)

Essa jornada da autoria é repleta de rituais que só você vai saber e poder acessar à medida que for escrevendo e que se dedicar, em profundidade, a essa escrita tão pessoal, tão única, tão sua. As três palavras que compõem nossa ritualística não podem faltar nessa caminhada: "o **amor** remonta ao *eros pedagógico* preconizado nas obras platônicas como sustentáculo do encontro educativo; o **ritual** é compreendido como expressão cultural humana vinculada aos ritmos cósmico-terrenos que vitaliza as relações educacionais; e o **espírito** indica a essência atuante e que requer atividade interior para sua atualização nas atividades docentes e discentes" (Dias e Bach, 2021: 24).

Propomos neste capítulo final que sua jornada da autoria encontre os seguintes elementos: **o destempo, o destecer de crenças** e, por fim, **o desescrever**. Cada um deles vai atuar, respectivamente, em uma cura para sua relação com a escrita no campo do Pensar (destempo); do Sentir (crenças limitantes) e o Agir/Querer (desescrever).

EXERCÍCIO 1 – ATIVIDADE

Elabore uma lista de palavras (de qualquer classe gramatical) com o prefixo "des" para expressar todas as atitudes e pensamentos que você está precisando viver neste momento. Pode criar neologismos. Vamos deixar aqui algumas ideias inspiradoras: destempo, desescrita, desautomatizar, desler, desdormir, despensar, descansar, desvio, desacelerar etc.

Agora, escreva por seis minutos sem parar um texto sobre o que você listou (pode ser um poema, haicai, fragmentos, desenhos, colagens).

ESCREVENDO ATRAVÉS DAS (DES)TEMPORALIDADES

Iniciamos esta seção com dois poemas-ensaio da pesquisadora Paula Gomes, do Gecria, uma pessoa profundamente comprometida com o destempo.

Movimento não programado de um maquinário desregulado

A modernidade presenteou-nos com um baile.
Enquanto vestíamos nossos trajes de gala,
Insistentemente, alguém batia na porta da frente:
A emoção, vestida em trapos, veio dizer adeus.
Na grande festa, nossas mãos, feridas,
apontam para um nobre e vazio horizonte.
"Tempo é dinheiro!", dizem eles.
"Tempos sombrios!", dizemos nós.
Acabado o festejo, o capital sugeriu-nos a construção de muros.
Ele teme que a emoção regresse.
Mas, contrariando as normas da Engenharia, erguemos – com razão e
sentimento – uma larga ponte.
Com linhas delicadas, suas bases foram firmemente costuradas por
nossas mãos.
Ontem, feridas. Hoje, feridas e perseverantes.
Já não aceitamos a manutenção que o sistema nos impõe.
Movimentos não programados farão dessa engrenagem
um maquinário permanentemente desregulado.

(Por Paula Gomes)

*

Milagre do tempo

Na Assembleia Anual dos Dias da Semana,
o domingo pediu, carinhosamente,
que todos o chamassem de abraço.
E sem desejar favor em troca, atendi à pequena prece.

Sob as normas da desengenharia,
pus abaixo enormes pedestais.
Deitei fora estimados tesouros.
Superlativos não trazem consolo.
E sob a mágica ordinária do cotidiano,
ando a guardar valiosas desimportâncias.

> Preparei a mesa com toalhas manchadas.
> Eu larguei a mão de violentos alvejantes.
> Tecidos demasiadamente brancos não me comovem.
> Ando a sorver, vagarosamente, os goles de café...
> e o lento caminhar da colher até a minha boca
> é milagre do tempo.
>
> (Por Paula Gomes)

De acordo com um pensador crítico português, chamado Boaventura de Sousa Santos (2010), a ideia de linearidade do tempo é uma das formas de operar domínio e poder sobre as pessoas. No livro *24/7: Capitalismo tardio e os fins do sono*, o estudioso Jonathan Crary (2016) traz a imagem dos pardais da coroa branca, em seus incansáveis voos de migração de sete dias seguidos, sem descanso, para tratar da colonização do tempo de sono do ser humano, como estratégia de dominação e de produção de capital.

Se pensarmos na relação que nossos bisavôs e bisavós tinham com o tempo, a cada dia, a cada ano, a cada década, e compararmos com a nossa relação, já teremos elementos suficientes para pensar sobre os impactos na vida diária, nos nossos corpos e nas nossas relações que esse ritmo atual gera. E o que isso tem a ver com a escrita de textos, com a leitura, com a criatividade? Respondemos que tem absolutamente tudo a ver e que você vai conhecer quando chegar ao final desta seção. Por agora, vamos a mais um exercício.

EXERCÍCIO 2 – REFLEXIVIDADE

Chronos é o nome de um deus grego que personifica o tempo. Significamos o Chronos como o tempo cronológico, o tempo físico que transcorre em linearidade. Chronos era filho de Urano (Céu) e de Gaia (Terra). Você deve pensar um pouco na sua relação com seu tempo: como você lida com os contornos do tempo do relógio, com seus compromissos, suas tarefas, sua lida. Como a relação com seu passado se apresenta na sua mente, nas suas ações? Você se sente preso ao tempo do passado? E quanto ao futuro, como você lida com seus planos, com seus sonhos?

Agora escreva por sete minutos sem parar, na técnica de escrita espontânea. Pode fazer listas de palavras, frases com coisas a serem cumpridas no tempo Chronos.

Kairós é o filho de Chronos e subverteu a temporalidade linear do pai. Kairós é a metáfora do tempo eterno, do atemporal, do instante preciso e único que tem o poder de se alargar ou de se estreitar quando cruzamos o tempo com nosso mundo interno. Gostamos de invocar também a mitologia africana e trazer a força da Orixá Oyá Tempo, aquela que traz a espiral do tempo. Ela é o próprio espaço tempo onde tudo se manifesta. Podemos pensar em modos de descolonizar o tempo considerando os tempos cíclicos ou espiralados, como o tempo das luas, das estações do ano, dos setênios, a relação da nossa biografia com os tempos dos planetas ou de outros seres da natureza, o tempo de um ciclo menstrual, o tempo de uma gravidez como metáfora para os muitos partos que vivenciamos ao longo da vida, o tempo do dia e da noite etc.

Com isso em mente, feche os olhos e traga uma memória da infância em que o tempo parecer ter parado. Lembra aquele instante preciso, em geral marcado por fortes emoções, em que você sentiu que não existia tempo. Essa sensação é muito comum em nós quando somos crianças e adolescentes. Pense em cada detalhe, os cheiros, os gestos, os tons do ambiente, o tato na pele, os sons... Veja a cena acontecendo e comece a escrever de olhos fechado (sim, de olhos fechados, vamos você consegue!). Marque o tempo de cinco minutos em seu relógio e escreva de olhos fechados contando essa cena.

Agora, coloque os dois textos para dormir e depois de uma semana, escreva um terceiro texto, unindo os dois textos, tratando de sua relação com o tempo (ou com o não tempo, o destempo). Sugerimos pescar trechos da canção da Cássia Eller "Esse filme eu já vi" e fazer uma paralelismo com algumas frases da canção, como:

Amanheceu na minha calçada
Anoiteceu na minha tela
Anoiteceu na minha garganta

Você pode incluir referências a outros tipos de temporalidades quando for (re)escrever o terceiro texto.

De acordo com Boaventura de Sousa Santos (2010), o tempo linear opera sob uma lógica de produção de ausências, de forma que o foco está no impessoal, no instantâneo, no descartável, nos excessos e na chamada produtividade. É sob essa lógica de produção das ausências que a escola e sua didática de ensino costumam estar firmadas. Para esse estudioso, é preciso pensar em movimentos de sistemas: é necessário mudar o mundo para que ele seja, cada vez mais, um lugar de bem viver; é preciso que nós, humanos, aprimoremos nossas capacidades de cuidar, de trabalhar em redes de solidariedade, de afeto, e que a vida seja considerada uma constelação de ecologias e que nossa atuação leve em conta outras formas de nos relacionarmos com o (des)tempo.

Seguindo esse pensamento, Boaventura propõe que para converter a lógica de produção das ausências, produzida pelo tempo linear, é preciso trabalhar com uma **ecologia das temporalidades**. Enquanto nos aprisionamos no tempo cronológico, na ilusão de que somos seres da produção, vamos nos escravizando ao tempo da dominação; ou seja, estaremos presos/as a esse tempo que diz, no nosso caso, que devemos ler primeiro para escrever depois; que devemos escrever e entregar o texto para o/a professor/a e esperar pela nota; esse tempo que diz que não precisamos reescrever, que não é importante revisitar o texto, que deixar o texto de lado para depois trabalhar sobre aquele escrito é perda de tempo. Todas essas representações do tempo em relação à escrita são criações dominadoras que nos afastam da nossa autoria de textos e, consequentemente, de nosso protagonismo na vida social.

Partilhamos a leitura do trecho do conto "A viagem da cozinheira lagrimosa", de Mia Couto (2004: 23) para propor um novo olhar sobre esse destempo, tempo da Orixá Oyá, tempo do deus Kairós, tempo decolonial:

> A negra gorda falou enquanto rodava a tampa do rapé, ferrugentia. O patrão meteu a mão no bolso e retirou uma caixa nova. Mas ela recusou aceitar.
> – Gosto de coisa velha, dessa que apodrece.
> – Mas você, minha velha, sempre triste. Quer aumento no dinheiro?
> – Dinheiro, meu patrão, é como lâmina... corta dos dois lados. Quando contamos as notas se rasga a nossa alma. A gente paga o quê com o dinheiro? A vida nos está cobrando não o papel mas a nós, próprios. A

nota quando sai já a nossa vida foi. O senhor se encosta nas lembranças. Eu me amparo na tristeza para descansar.

A gorda cozinheira surpreendeu o patrão. Lhe atirou, a queimar-lhe a roupa:

– Tenho ideia para o senhor salvar o resto do seu tempo.

– Já só tenho metade de vida, Felizminha.

– A vida não tem metades. É sempre inteira.

Propomos novos modos de pensar, de conhecer e de saber, a partir de novas rotas de temporalidades em nosso cotidiano, em nossos projetos de aprendizagem. Pense agora você em maneiras de tornar essa relação insurgente e disruptiva com o tempo no seu cotidiano e registre em seu diário de bordo. Esse pode ser um excelente tema para um debate, para a escrita de textos argumentativos, para compor a criação de personagens diferentes.

EXERCÍCIO 3 – ATIVIDADE

Sua tarefa será escolher uma das perguntas abaixo do *Livro das perguntas*, do poeta Pablo Neruda, e incluí-la em um texto autoral em qualquer gênero textual (escrever no mínimo uma página; e no máximo, duas páginas).

Você pode escrever uma poesia, fazer um post (simulando posts de redes sociais, acompanhado de imagem ou não), produzir uma charge, por exemplo. Pode gravar um vídeo (máximo de quatro minutos), escrever uma reportagem, uma propaganda, um texto dissertativo, uma receita, uma bula, um anúncio etc.

Seguem algumas perguntas poéticas de Neruda (tradução livre):

Por que minha roupa desbotada se agita como uma bandeira?

Devo escolher esta manhã entre o céu e o mar, tudo ou nada?

Por que choram tanto as nuvens e cada vez são mais alegres?

Me diga: a rosa está nua? Ou só tem esse vestido?

Que vim fazer neste planeta? A quem dirijo esta pergunta?

Não era verdade que Deus vivia no mundo da lua?

Por que nas épocas obscuras se escreve com uma tinta extinta?

Quem devorou rente aos meus olhos um tubarão cheio de feridas?

Por que andam as ondas me indagando sobre as mesmíssimas perguntas?

Das tais virtudes que esqueci dá pra fazer um terno novo?

Onde está o menino que fui: anda comigo ou evaporou-se?

Ainda ontem disse aos meus olhos: quando de novo nos veremos?

Quem me mandou desvencilhar-me das portas do meu amor-próprio?

Que há de pesar mais na cintura: padecimentos? memórias?

E se minh'alma desabou, por que meu esqueleto prossegue?

Por que vou girando sem rodas e voando sem asas nem penas?

Por que minha roupa desbotada se agita como uma bandeira?

E que bandeira tremulou no espaço em que não me esqueceram?

Pois não foi onde me perderam que eu me dei, enfim, por achado?

Se caí no laço do mar por que fechei os meus caminhos?

Onde terminará o arco-íris: dentro da alma ou no horizonte?

Não será nossa vida um túnel entre duas vagas claridades?

Devo escolher esta manhã entre o céu e o mar, tudo ou nada?

Quem sabe lá de onde é que vem a morte: de cima ou de baixo?

A morte não seria enfim uma cozinha interminável?

Ou não seria a vida um peixe preparado para ser pássaro?

Agora vamos ver o que a Paula Gomes escreveu em diálogo com Neruda.

"O que diz a velha cinza que caminha pelo fogo?"

Que o calor cuidou de aquecer, com carinhosa e desapegada exclusividade, o seu pequeno coração.

Que as cicatrizes, antigas inquilinas de sua pele, lhe trouxeram folhas para cobrir os vincos mais profundos, porque o sol, ele não costuma prestar consolo. E os dias são quentes.

Que seus ossos, andam desprovidos do peso que traziam quando a cinza, ignorando sua pequenice, se apresentava, às enormes fogueiras, como sendo uma suntuosa labareda.

Que, a convite do destempo, fiel amigo, deitou fora as obviedades, se deixando surpreender com a calma determinação do miúdo andar das formiguinhas.

E que a mesma terra incumbida de fazer brotar a semente, será responsá-vel por lhe recolher os restos, que já sem vida, repousarão tranquilamente.

Com humildade e ternura nos olhos, a velha cinza responde que o fogo já não lhe queima os pés.

(Paula G. S. Gomes Lima)

DESFAZENDO CRENÇAS

Iniciamos esta seção compartilhando com você um texto autoral de uma aluna de graduação em Letras da UnB sobre suas crenças limitantes sobre o ato de escrever.

No início da formação da minha personalidade de escritora amado-ra, eu me sentia muito desanimada e envergonhada ao mostrar um trabalho na escola e ao recebê-lo cheio de correções minuciosas em caneta vermelha. Dava uma tristeza, sabe? Era como se, por mais que eu me esforçasse, eu fosse burra, incapaz de compreender a gramática da minha própria língua. Neste processo de autoria de escrita criati-va, consegui me desprender de certas amarras, que há muito tempo se enraizaram em mim, silenciando minha voz de escritora, a minha verdadeira voz.

Eu consegui resgatar minha essência, essa voz que eu calei; a tirei lá do fundo do meu poço de criação, que estava cheio de água parada. E água parada apodrece, né? Agora eu sei que eu não preciso calar essa voz, sei que preciso é usar essa água! Fazendo com que ela percorra cada pedaci-nho de mim, para depois sair e molhar minha escrita, irrigando o papeis que contêm meus registros e, é claro, a minha voz de escritora – amadora sim, porém escritora!

Eu posso dizer que nunca mais vou pensar "nossa, escrevo muito mal" ou que "nossa, escrevi isso e tá um lixo", porque eu tenho o meu momen-to, e esse momento também transparece na minha escrita. É impossível estar bem o tempo todo. Eu não posso me separar das minhas emoções, porque tudo que eu guardo de ruim me sufocará depois, seja uma pala-vra não escrita ou uma emoção não vivida, sentida.

O que eu aprendi foi muito importante para minha escrita criativa, mas principalmente para meu psicológico, para minhas emoções, para mi-nha essência que estava parada, morando lá naquele meu poço interior.

Agora essa água corre, e vai correr ainda mais! O que eu tiver que sentir, eu vou sentir, o que eu tiver que escrever eu vou escrever. Não importa se não ficou bonito ou se alguém disser "não gostei"; o que importa é que esse registro será a "minha voz", bonita ou feia, grande ou comprida, alegre ou triste; foi o que eu consegui produzir naquele momento, e minha voz interior de escritora é assim: igual água: parada, apodrece!

(Texto de Leilianne de Sena Ferreira – Trecho do diário de bordo escrito em 2021 durante a disciplina Oficina de Produção de Textos.)

EXERCÍCIO 4 – REFLEXIVIDADE

Quais são as suas ladainhas mais corriqueiras? Escreva essas ideias inimigas que te atormentam toda vez que você vai escrever algo, seja para a escola/universidade/trabalho ou para fruição literária. Faça uma lista dessas crenças, dessas ladainhas, dessas frases repetidas. São julgamentos severos impostos ao longo da vida e que habitam nossa mente escritora.

Depois de escrever, guarde essa lista e a deixe 'dormir' por uma semana.

Após uma semana, resgate a lista e escreva um texto reflexivo sobre essas ladainhas: tente resgatar como cada uma delas surgiu, em que momento da sua vida, lembrar quantos anos você tinha, onde você estava – escreva as origens delas. Se você não lembra, invente! Pode ter certeza de que seu inconsciente sabe dizer e vai te revelar elementos importantes para que você as libere, uma a uma...

Saia para passear com essas crenças escritas em um papel e vá caminhando e rasgando o papel e jogando nas lixeiras que encontrar pela cidade. Vá liberando suas crenças, agradecendo o que for para agradecer, acolhendo os aprendizados e quem você se tornou com elas e vai plasmando em sua imaginação uma nova liberdade de escrever desprovido/a das ladainhas.

Vamos trazer a seguir duas reflexões sobre essas ideias criadas socialmente para você ter consciência de que essas crenças não colaram na sua mente/identidade por acaso. Elas são frutos de construções sociais no campo do pensar/sentir coletivo, naquilo que foi (ainda é, infelizmente) valorizado como saberes, na maioria deles, coloniais, modernos e preconceituosos. Convidamos para trocar conosco os cientistas críticos Rupert Sheldrake e Frijot Capra. Vamos lá?

Rupert Sheldrake (2014) nos instiga a pensar na construção do caminho da ciência mecânica e aponta três aspectos que foram apagados nos últimos séculos da humanidade: **a vitalidade, a curiosidade** e **a criatividade** científicas foram apagadas diante do que ele denomina de ideologia dogmática, baseada no medo e na inércia institucional.

Ao superarmos esses dogmas ideológicos que persistem em caminhar nas raízes das ciências, especialmente das ciências sociais e humanas, poderemos nos lançar em novas perguntas de pesquisa. Poderemos também estimular nossa imaginação (mente científica) e pensar/sentir nas construções decoloniais com foco em uma ecologia dos saberes e em um sentir crítico mais orgânico, que faça mais sentido para todos nós, homens e mulheres, coloridos, culturalmente ativados. Poderemos nos colocar no mundo e nas práticas como seres humanos engajados com o devir, com o futuro na terra livre de agrotóxicos mentais (e reais), caminhando sobre a terra um dia partida, fissurada por uma cosmovisão invasora e produtora de monoculturas humanas, nos suprimindo a expressão multicultural de nossos saberes e de nossas raízes. Nossa construção com autoria criativa é no sentido de nos trazer uma nova cosmovisão, conectada com a superação da divisão entre sujeito e objeto, entre o 'eu' e 'outro', entre 'eu' e a 'terra'.

Sheldrake fala o seguinte sobre nosso pensamento científico dos últimos tempos:

> na segunda década do século XXI, quando a ciência e a tecnologia parecem estar no auge do seu poder, quando sua influência se espalhou por todo o mundo e seu triunfo parece incontestável, surgiram alguns problemas inesperados. A maioria dos cientistas acredita que esses problemas acabarão sendo solucionados por mais pesquisas nos moldes estabelecidos, enquanto outros, inclusive eu, acham que esses são sintomas de um mal mais profundo. (2014:12)

Sheldrake pensou em alguns dogmas que tradicionalmente estão na base das ciências dos últimos dois séculos: (i) toda realidade é material ou física; (ii) toda matéria é desprovida de vida interior e de consciência; (iii) as leis da natureza são fixas; (iv) a natureza não tem propósito e a evolução não tem direção; (v) toda herança biológica é material e está na cadeia de DNA dos seres; (vi) a mente está dentro da cabeça e se reduz a atividade cerebral; (vii) fenômenos não explicados são ilusórios; (viii) a medicina mecanicista é a única que funciona.

Para tratar dessas ladainhas coletivas, produzidas por essa ciência moderna, precisamos, primeiramente, ter consciência de que elas se baseiam em ideologias de poder como dominação, construídas ao longo do tempo nas vivências sociais. É preciso pensar, também, que são crenças que não estão circunscritas apenas às suas áreas de conhecimento; elas se derramam sobre todas as áreas da vida social, impactando nos modos como nos relacionamos conosco mesmo, com o outro, com a natureza, com as tecnologias e com o mundo. São crenças raízes para nossas ladainhas internas sobre autoria de textos e autoria de vida, por exemplo.

Nosso método científico de base linguística será o de transformar em perguntas alguns desses dogmas da ciência moderna que ainda insistem em se apresentar no pensamento científico da atualidade, seja no campo profundo das ontologias, seja nas epistemologias ou nas metodologias. Esse exercício nos auxiliará na nossa caminhada sobre a terra de saberes, posturas e dinâmicas decoloniais com foco no futuro da ciência no que tange ao campo das humanidades. Ao transformar pressupostos, dogmas, crenças e ideologias em questões, nós nos colocamos em um lugar desencaixado do padrão esperado, no eixo da passividade e intensificamos nossa agência a partir do pensar acordado e crítico.

EXERCÍCIO 5 – ATIVIDADE

Transformando dogmas em perguntas:

1. Toda realidade é material ou física?
2. Toda matéria é desprovida de vida interior e de consciência?
3. As leis da natureza são fixas?
4. A natureza não tem propósito e a evolução não tem direção?
5. Toda herança biológica é material e está na cadeia de DNA dos seres?
6. A mente está dentro da cabeça e se reduz a atividade cerebral?
7. Fenômenos não explicados são ilusórios?
8. A medicina mecanicista é a única que funciona?

Escolha três perguntas, marque dez minutos no seu relógio para cada uma delas e escreva sem parar. Faça um texto por dia, ao longo de três dias seguidos e, ao final, faça o mesmo com suas crenças/ladainha listadas no exercício anterior: transforme-as em perguntas e escreva sobre três delas em dias seguidos.

Fritjof Capra (1995), físico renomado e engajado em compromissos ecológicos, chama a atenção da comunidade científica para o conceito de sistemas orgânicos, ou seja, defende uma ciência que considere os sistemas vivos em suas três dimensões: **seres vivos; partes de seres são também vivos; comunidades de seres são vidas**, são ecossistemas sociais e humanos. No livro *A teia da vida: uma nova compreensão científica dos sistemas vivos*, Capra nos desencaixa do pensamento mecânico e do modo como pensamos a ciência com base em paradigmas do início do século XX. "É um livro que nos impele adiante, em busca de novos níveis de consciência, e assim nos ajuda a enxergar, com mais clareza, o extraordinário potencial e o propósito da vida" (palavras de Oscar Motomura no prefácio, apud Capra, 1995 n.p.).

Ao trazer esse foco para as pesquisas em ciências sociais e humanas, Capra pretende resgatar a força da forma antiga do pensar: a força dos povos tradicionais, a força do pensar/sentir/agir em sistemas. Aqui neste momento, nós dialogamos com Capra para que possamos articular essa força ancestral dos sistemas vivos com os desafios dos novos sistemas gerados em meio a uma atmosfera científica diversa, fragmentada e desafiada constantemente pela saturação dos valores materialistas: como associar esse pensamento ao trabalho com escrita e com leitura nas universidades e nas escolas?

Ao resgatar o modo ancestral de funcionamento dos sistemas e ao articular com os modos contemporâneos dos sistemas vivos e humanos, nós devemos ter em mente desafios de três tipos, afinal (i) os sistemas vivos não são lineares, pois eles interagem em redes; (ii) a ciência moderna teve como eixo norteador o pensamento linear com base nas causas atreladas aos efeitos; (iii) nossa cultura da atualidade bebe na fonte dessa visão materialista que permeia a ciência e a vida social como um todo.

Para encararmos esses desafios, devemos entender como eles funcionam na vida contemporânea, devemos nos perguntar: por que eles ainda colam no imaginário das pessoas comuns e nas comunidades científicas? Por que o trabalho com texto ainda tem enfoque mecanicista, descontextualizado e quase sempre apenas gramatical? Vamos propor um exercício de visão de sistemas para prosseguir com nossas reflexões.

EXERCÍCIO 6 – REFLEXIVIDADE

Pegue três folhas de papel e escreva a lápis os seguintes títulos:

LEITURA
ESCRITA ACADÊMICA
ESCRITA CRIATIVA AUTORAL

Em seguida, coloque-as no chão (com a parte escrita virada para baixo, de modo que você não consiga identificar o que está escrito em cada uma delas); deixe uma distância de um metro entre elas. Fique de pé e faça um exercício de respiração atenta (inspire contando quatro tempos, segure três tempos e expire contando cinco tempos). Faça esse exercício de respiração de pé (sem cruzar braços nem pernas), assumindo uma postura bem ereta, concentrando-se nos movimentos de respiração profundos.

Após alguns minutos, abra os olhos, pise em cima do primeiro papel e complete a seguinte frase (ouça as primeiras respostas internas):

"PARA ESTAR PRESENTE NESTA TAREFA, EU PRECISO DE..."

Assim que você completar mentalmente esta frase, saia de cima do primeiro papel e anote em seu diário de bordo qual foi a resposta que você acessou. Registre também se houve movimentos corporais que chamaram a atenção (firmeza, desequilíbrio, vontade de seguir algum movimento, calor, frio, pressão para trás ou para frente etc.). Agora, repita a mesma sequência com os outros papéis. Faça tudo bem lentamente! Vá anotando e observando todas as sensações e as frases que completaram a pergunta (o comando é sempre o mesmo: "Para estar presente nesta tarefa, eu preciso de...").

Assim que você concluir, pode olhar o que cada papel estava representando e faça suas observações reflexivas sobre o que veio para você neste exercício sistêmico. Fez sentido? As respostas que você obteve sintonizam com suas necessidades compreendidas do ponto de vista da mente? Ou houve revelações mais profundas e surpreendentes? Essa é uma dinâmica da pedagogia sistêmica e tem como base de conhecimento os estudos dos campos morfogenéticos de Sheldrake, este autor com o qual dialogamos anteriormente.

Agora podemos procurar a compreensão sobre o porquê e como a lógica categorial materialista opera no imaginário das pessoas comuns e nas comunidades científicas, incluindo a área da Educação que tanto nos interessa. Ao olhar sob o foco da linearidade, não vemos redes que se integram, costumamos olhar a teia da vida e valorizar, sobretudo as relações que trazem o máximo de resultado imediato.

Temos, então, o primeiro caminho dessa encruzilhada da autoria: um caminho linear com as seguintes características: o sujeito se acostuma a ver o mundo sob um foco estreito (campo de visão bem delimitado, regras rígidas), sente medo e se vê sozinho nos processos de aprendizagem; mergulha em um encontro com o outro que o leva ao lugar de dominação (do pensamento mecânico: medir, quantificar, classificar são os objetivos centrais); encontra na busca pelo poder, como domínio, o caminho para superar seu medo, pois a opção não foi aprofundar, foi maximizar a produção, foi ficar na superfície, foi somar como mais um elo na corrente do materialismo que separa o sujeito do objeto, o 'eu' e a natureza e, por fim, o 'eu' e o outro.

O pensamento científico que se centra em causas e efeitos ajuda a criar a permanência do sujeito em terrenos materialistas, supostamente seguros. Ora, os sistemas vivos operam em teias de relações; ao se romper com essa relação de causa e efeito, no que diz respeito à construção do pensamento, deixamos de realçar apenas análises e classificações, mas priorizamos outras formas de pensar o fenômeno, percebemos processos que operam em diferentes níveis (não só na linearidade), e vemos as possibilidades das mudanças – nos engajamos.

Ao transpormos essa reflexão para nosso olhar linguístico crítico sobre textos (e sobre os processos de ler e de escrever), começamos a refletir sobre os modos de subverter esses elementos de dominação: pensamento mecânico na lógica da linearidade; foco na relação causa e efeito e viés materialista como o império do pensamento. Começamos a nos perguntar:

Como e para que (em nome de que interesses)
opera o pensamento mecânico, linear e material nas ciências humanas?
Como as relações de causa e efeito se operacionalizam?
O que elas deixam de fora de seu alcance?
Quais são os fatores motivadores desse pensamento científico?

Essas questões nos levam a um novo modo de pensar, centrado em uma mudança de foco, no sentido de trazer esses elementos normatizantes para problematizá-los, em um primeiro gesto; e para transformá-los em desafios, como segundo gesto.

Ao serem compreendidos em seus modos de operação, esses elementos podem apontar para um novo pensamento científico nas humanidades. Nesse caso, nós, enquanto sujeitos críticos e criativos, podemos dar o primeiro passo e propor maneiras diferentes de ver o mundo com base em novas direções: das partes para o **todo**; dos objetos para **as relações**; e do conhecimento objetivo para o **conhecimento contextual**; da quantidade para a **qualidade**; da estrutura para **o processo** e dos conteúdos para **os (novos) padrões de relações**.

Esses redirecionamentos do olhar científico contribuem para a construção de outras perguntas de nossas agendas de investigação social. **O foco recai, neste sentido, no contexto, nas conexões e nas relações.** A comunidade é vista como princípio ecológico e a linguagem autêntica como princípio discursivo da mudança social mais intrínseca ao ser, em sua rede vital conectada com o todo, em toda sua diversidade.

EXERCÍCIO 7 – REFLEXIVIDADE

Vamos resgatar crenças do nosso sistema familiar a fim de compreendê-las? Leia as perguntas a seguir:

Para seus pais: o que significava estudar? O que representava aprender a ler e a escrever? O que simbolizava a escola?

Para sua mãe especialmente: o que significava estudar? O que representava aprender a ler e a escrever? O que simbolizava a escola?

Para seu pai especialmente (ou para as figuras masculinas com que você conviveu na infância/adolescência): o que significava estudar? O que representava aprender a ler e a escrever? O que simbolizava a escola?

Escreva em seu diário de bordo por dez minutos sem parar sobre esses ditos, sobre os valores, sobre as crenças dos seus pais, a partir de suas memórias. Pode reproduzir as falas, experiências, histórias, se você lembrar delas.

Em seguida, reflita como esse modo de ver a escola, a leitura, a escrita e o aprendizado impactou na sua jornada de estudante. Escreva mais um pouco sobre essa reverberação em você.

Deixe o texto dormir e na semana seguinte escreva uma carta para seus pais, contando como os pensamentos/as falas deles influenciaram sua jornada escolar e acadêmica e como você hoje, nos dias atuais, considera tudo isso. Procure compreender seus motivos, suas razões, procure ampliar seu olhar e enxergar a relação de seus pais com a escola e com os pais deles, no contexto de vida em que viveram. Eles também estiveram emaranhados aos pais deles, aos seus contextos culturais, às suas próprias biografias. **Procure assentir e agradecer tudo como foi. Integrar a visão sistêmica nos ajuda a seguir adiante e fazer diferente.**

A professora Gina Vieira Ponte de Albuquerque (2020), autora do Projeto Mulheres Inspiradoras, narra como era a visão de seus pais sobre a escola e conta como esse olhar impactou sua jornada autoral. Vamos ler um trecho de sua dissertação de mestrado, em que ela faz parte desse exercício aqui proposto. Esperamos que seja inspirador!

> Enquanto dona Djanira migrava de Minas Gerais para Brasília, seu Moisés, o homem mais íntegro que já conheci, migrava de Sobral, no Ceará, para o mesmo destino que ela. Ele, branco, crescido no semi-árido nordestino, contava com um gosto amargo na boca, que nunca conseguiu aprender a ler e a escrever. Sabia, com muito custo, assinar o nome. Também saíra da região onde nascera para tentar uma vida me-lhor naquela que era anunciada como a terra onde manava leite e mel, o 'Eldorado', a terra da promessa, como repetiam meu pai e minha mãe em suas narrativas.

> Esse encontro improvável entre um homem branco, cearense de 22 anos e uma mulher negra, mineira, de 31, aconteceu em 1963, às margens da Vila do IAPI, região onde trabalhadores, operários, pedreiros, lavadei-ras, trabalhadoras domésticas foram ficando enquanto erguiam com a força do seu trabalho a capital sonhada por Juscelino. Ele e ela, meu pai e minha mãe, amavam a escola e tudo o que ela representava. Falavam de

educação como algo grandioso, mágico, que nos concederia super-poderes, que nos faria romper com quaisquer barreiras que se colocassem em nosso caminho. Meu pai aprendeu a reverenciar a minha mãe porque ela era "letrada". O fato de ela saber ler e escrever, saber realizar operações matemáticas, o fez acreditar que ela sabia muito. E de fato, dona Djanira sabia muito. [...]

Essa cultura de valorização da escola na qual eu fui banhada fez com que eu amasse a escola, não pelo que ela era concretamente, mas pelo que ela representava. A partir das narrativas de meu pai e de minha mãe, passei a associar escola à mudança e a ter uma vida digna. Seu Moisés e dona Djanira, quando nos falavam sobre escola, não falavam sobre ter dinheiro ou acumular riqueza. Eles nos falavam de dignidade, de vida decente, de uma vida livre de qualquer contravenção. E eu desejava aquilo para mim. (Albuquerque, 2020: 26-8)

DESESCREVENDO TEXTOS

No exercício da autoria sob o viés do destempo, precisamos pensar na metodologia da escrita que leva em conta uma ecologia das temporalidades. Para isso, pensamos para além da lógica colonial e ousamos propor alguns combinados de escrita no destempo:

1. Escrevemos para nós mesmos/as em primeiro lugar e, talvez até, em último lugar, pois existirão textos que não se revelarão para outra pessoa; em outras palavras, não produzimos textos para entregá-los para serem avaliados por uma figura de autoridade escolar. Quando fazemos desse modo, nosso texto já está impregnado de outras temporalidades, como as que se seguem.
2. Respeitamos o tempo de afastamento de um texto; **os textos 'dormem'** e precisamos respeitar o tempo de voltar a eles e reescrevê-los; algumas vezes demoraremos meses para conseguir nos aproximar e mexer em um texto mais uma vez. Mesmo quando produzimos textos para trabalhos acadêmicos, é importante deixá-los engavetados, guardados em arquivo por uns dias antes de relê-los, reescrevê-los e entregá-los ao/à professor/a.

3. Através da técnica da **escrita espontânea**, desafiamos o tempo linear e liberamos nossa imaginação, dissolvendo nossos bloqueios e crenças. Sempre que estivermos travados na nossa escrita, é importante retomar as dinâmicas de escrever sem parar ou de escrever com restrição, antes de nos dedicarmos à escrita do texto que precisamos escrever para a universidade/escola.

4. As páginas matinais são excelentes para movimentarmos nosso tempo de escrita em outra dimensão: no diálogo que se tece entre os textos produzidos assim que acordamos do sono. Esses registros rompem com a linearidade de um texto padrão que, em tese, deveria ser planejado, escrito e utilizado (ou entregue como tarefa ou publicado). Quando escrevemos as páginas matinais e as guardamos (lembrando de que não podemos sequer reler o que escrevemos por um tempo), nós nos movimentamos em um **novo ritmo de escrita** e abrimos nossa imaginação para as próximas escritas.

5. Por fim, quando escrevemos em grupos, em rodas ou em comunidades e partilhamos nossos textos, criamos uma nova temporalidade de espiral do tempo, de modo que nossa escrita vai sendo forjada pelas dinâmicas e inspirada pela escrita alheia. Trata-se de um **tempo de acolhimento**, de confiança, de entrega. É nossa escrita integrada e entregada. Talvez possamos chamar de tempo fêmeo, tempo grávido, tempo lunar... vamos batizar nossos destempos?

EXERCÍCIO 8 – REFLEXIVIDADE

Leia o trecho do conto "Inundação", do escritor Mia Couto (2009), e escreva uma continuação para o conto, modificando o que você sentia ao ouvir a voz da sua mãe. Marque vinte minutos do relógio e escreva uma história completa (pode ser sem final, pode começar com o final – dê preferência para subverter a ordem dos tempos da narrativa).

> Há um rio que atravessa a casa. Esse rio, dizem, é o tempo. E as lembranças são peixes nadando ao invés da corrente. Acredito, sim, por educação. Mas não creio. Minhas lembranças são aves. A haver inundação é de céu, repleção de nuvem. Vos guio por essa nuvem, minha lembrança.

A casa, aquela casa nossa, era morada mais da noite que do dia. Estranho, dirão. Noite e dia não são metades, folha e verso? Como podiam o claro e o escuro repartir-se em desigual? Explico. Bastava que a voz de minha mãe em canto se escutasse para que, no mais lúcido meio-dia, se fechasse a noite. Lá fora, a chuva sonhava, tamborileira. E nós éramos meninos para sempre. (Couto, 2009: 45)

Vamos, a seguir, tratar de cinco aspectos necessários para seguirmos o fluxo da linguagem para que a escrita passe a nos escrever. São eles: (a) escrita é trabalho e é ela quem nos escreve; (b) os erros são focos de criatividade; (c) é preciso suportar as pausas e o vazio; (d) a palavra deve ser vista como se fosse um signo original; (e) fragmentos de escritas são bem-vindos; (f) é preciso suportar o 'feio'.

Escrever é uma prática de constância, requer disciplina e muito trabalho. Quando nos desapegamos do fato de que temos de escrever para entregar um texto para alguém a fim de receber uma avaliação ou nota, aí começa a nossa jornada da escrita. Parte do mito de que escrever é para quem tem um dom ou de que, para alguns seres 'iluminados', a escrita é uma prática fácil, que simplesmente flui, como se "caísse do céu", deve ser desconstruída. Esses mitos devem ser desfeitos. Eles nascem na nossa escolarização da escrita, em um modelo de escola que premia os favoritos, que julga o 'belo' e que, inevitavelmente, está, por pressuposição, excluindo outros e julgando o 'feio'. Crescemos ouvindo essa ladainha por muito tempo e não será em um passe de mágica que vamos desescrever esse processo das nossas biografias escolares.

É preciso praticar um jeito novo, uma escrita de si mais afetuosa e, para isso, é excelente escrever em roda, em grupo, para que essa ideologia de que a escrita "não me cai bem" ou "não é para mim" seja dissolvida. Essa cura só acontece com as práticas de **desescrita ideológica** de que tratamos aqui neste capítulo do **destempo** e no livro como um todo.

Para escrever, precisamos suportar as frustrações, atravessar o "não saber", sustentar a escrita feia (no julgamento infantil de cada um/a). Vamos logo avisando que, qualquer semelhança com o viver (não) é mera coincidência.

As nossas escritas são identitárias a partir do momento em que nos engajamos com nossos textos como protagonistas de nosso dizer. Uma escrita com engajamento é uma escrita criativa, viva e impactante na sociedade. Nossos textos são parte de quem nós somos à medida que os levamos a sério e que desmistificamos as vozes internalizadas (ideologias de dominação) que nos levam a crer que devemos desistir da nossa palavra. Lembrando que nossas palavras escritas/orais estão, permanentemente, em interação com as 'palavrasmundo' que nos (re)constituem, no fluxo da vida, a todo tempo e lugar.

Precisamos aceitar o acaso, pois ele se transforma com a escrita. É importante incorporar o não saber como parte necessária da escrita. Tentar escrever de modo rebuscado, escolhendo palavras raras ou um estilo de difícil entendimento é desviar dessa trajetória da autoria.

Já falamos sobre a importância de olhar nossos erros para avaliar e não para, apenas, corrigir. Essa mudança de olhar gera uma mudança de perspectiva, pois, desse modo, os erros passam a ser bem-vindos; eles são tesouros que se mostram para nós e que revelam para quem nos acompanha na jornada da escrita o que está acontecendo conosco e com o texto.

Muitas vezes, na nossa experiência de condução de rodas e escrita, percebemos que o erro não tem a ver com desconhecimento gramatical propriamente dito, mas está relacionado, sobretudo, com o momento (discursivo) de vida que a pessoa está passando, com seu mundo interno e com sua necessidade de expressão.

Certa vez, estávamos atuando em uma comunidade de escrita e lemos um texto escrito por uma mulher que trazia a repetição da palavra "velho": cinco vezes em um único parágrafo. Ao ler o texto em voz alta na roda e partilhá-lo com todos, ela percebeu o "erro" e fez um comentário do tipo "nossa, que estúpida, que repetição boba". Em seguida, refletimos sobre o porquê da repetição, sobre o que estava acontecendo de "novo" e de "velho" em sua vida, sobre qual era sua relação com o que é ou está velho naquele exato momento. Qual não foi nossa surpresa quando ela relatou que estava de mudança de casa, em processo de separação e ainda vivia o luto por perdas recentes em função da pandemia.

É por tudo isso que dissemos neste capítulo que podemos afirmar que nossa abordagem parte de um trabalho dentro do contexto discursivo de vida real do sujeito que lê e que escreve. As vivências são conduzidas buscando ativar os sentidos e aprimorar as percepções, que é a minimização do *falar sobre* em lugar da maximização da vivência real em si. Para concluir este capítulo do destempo, vamos partilhar uma escrita em fragmentos feita por um estudante de Letras durante a disciplina Oficina de Produção de Textos, na UnB, em 2022. A proposta era escrever sobre amor sem usar nenhuma palavra deste campo semântico e lexical. Veja como essa escrita te impacta e se você consegue se inspirar nela e produzir um texto fragmentado sobre seu momento atual.

> A caneta corre sobre o papel em um frenesi epilético guiado por pensamentos, a maioria deles com sua imagem. A tinta a partir de 26 formas, forma palavras que possuem sua forma. Mas isso não me preenche e sinto inveja do papel egoísta que pode lhe ter sobre ele. Meu papel egoísta que sobre o mármore frio se assemelha ao seu papel de egoísta ao partir.
>
> Se as palavras guiam as ideias é apenas por este princípio que a caneta insistente continua seguindo sobre as linhas justas da página. Linhas que zombam da inconstância da minha vida. Elas retas como o horizonte. As minhas irregulares como rochas por ti lançadas a minha frente. Horizonte obscurecido que apenas vejo o pálido vislumbre de seu reflexo pelas frestas das rochas.
>
> Levaste o que te dei e doeu. Mas a folha enquanto absorve a tinta da dor, leva também a tristeza da alma. E o que restar irão em sono idiota de pesadelos e suores, abrindo espaço para os sonhos de garoa constante que dissolverão as pedras e me mostrarão, novamente, o arco-íris curvo sobre o justo horizonte.
>
> (Por Mateus de Morais Torres Ferreira)

SUGESTÕES DE LEITURAS

Sugerimos a leitura do livro *Como escrever ficção*, do professor e escritor Assis Brasil. Ele partilha sua experiência exitosa na formação de inúmeros/as escritores/as brasileiros/as na atualidade. O livro exercícios práticos ao longo das reflexões.

Indicamos o livro de Conceição Evaristo *Insubmissas lágrimas de mulheres*, em que a escritora traz 13 contos baseados em histórias de vida de mulheres negras que inspiraram a jornada ficcional das protagonistas. Um livro profundo, tocante, repleto de convite ao destempo.

Sugerimos, por fim, a leitura de uma carta da professora Gina Vieira para professores/as iniciantes na carreira. Está publicada em uma revista científica chamada *Cadernos de Linguagem e Sociedade – dossiê temático Mulheres Inspiradoras*. O título do artigo é "Carta a uma professora: 'Não quero ser invisível, quero ser professora'" – a fala entre aspas simples foi proferida pela própria autora, quando ainda jovem decidiu lutar contra o racismo e abrir mão de seu desejo infantil de ser invisível para não sofrer maus-tratos. Link: https://periodicos.unb.br/index.php/les/article/view/18635.

BIBLIOGRAFIA COMENTADA

Rupert Sheldrake (2014) aponta em seu livro *A ciência sem dogma: a nova revolução científica e o fim do paradigma materialista* que as pressuposições baseadas em dogmas precisam ser superadas por um novo modo de pensar a humanidade. Sheldrake é um dos cientistas mais inovadores da atualidade e trabalha com o conceito de campos morfogenéticos que operam em sistemas.

Boaventura de Sousa Santos (2010), no livro *A gramática do tempo*, nos fala, em seu capítulo "Para uma sociologia das ausências e uma sociologia das emergências", sobre a lógica da produção das ausências, questionando e desconstruindo a produção da monocultura do saber, a lógica da classificação social, a monocultura do tempo linear, a lógica da escala dominante e produtivista. Propõe uma vida baseada em ecologias: ecologia dos saberes, das temporalidades, dos reconhecimentos, das trans-escalas e da produtividade.

RESUMINDO O CAPÍTULO

Este capítulo abordou três elementos finais para a jornada da autoria: o **destempo**, o **destecer de crenças** e o **desescrever**. Associamos o destempo à superação da lógica da monocultura do tempo linear, a partir de um diálogo traçado com o sociólogo português Boaventura de Sousa Santos, que nos traz uma ecologia das temporalidades. A partir de novas rotas de (des)tempo, propomos exercícios sobre o tempo do deus Chronos e do deus Kairós (incluindo a Orixá do tempo Oyá) e abrimos fendas importantes no modo costumeiro com que lemos e escrevemos textos acadêmicos e ficcionais. Na seção "Desfazendo crenças", dialogamos com os cientistas Rupert Sheldrake e Frijot Capra a fim de tecer um terreno ontológico seguro para sustentar nossa metodologia ativa e criativa de decolonização da leitura e da escrita. Exploramos nossas ladainhas internas, as crenças do sistema familiar sobre ler e escrever (incluindo a escola), e invocamos a força da cura sistêmica para nossos processos profundos de autoria. Questionamos: como associar esse pensamento vital e criativo ao trabalho com escrita e com leitura nas universidades e nas escolas? Sob o viés do destempo, na parte final do capítulo, exercitamos nossa desescrita. Focalizamos os seguintes aspectos antes de concluir o capítulo: (i) escrita é trabalho e é ela quem nos escreve; (ii) os erros são focos de criatividade; (iii) é preciso suportar as pausas e o vazio; (iv) a palavra deve ser vista como se fosse um signo original; (v) fragmentos de escritas são bem-vindos; e (vi) é preciso suportar o feio.

Palavras finais

Nesta obra, apresentamos os caminhos que sustentam o que chamamos de jornada da autoria. Incluímos a trimembração da ontologia, da epistemologia e da metodologia como pontos de sustentação para nossa proposta com a leitura e a escrita, sob um viés atual, decolonial e engajado.

Nossa concepção de linguagem parte do viés sociointeracional e discursivo de texto, de leitura e de escrita. Nosso trabalho é sintonizado com a criação de comunidades de aprendizagem, a que chamamos de comunidades de escrita. Construímos, por meio dos exercícios, um passo a passo de vivências em leitura/escrita para propiciar consciência linguística e estilística autoral.

Dedicamos tempo de acolhimento das práticas relacionadas ao encontro com textos, tanto no âmbito da escrita como da leitura. Consideramos ser necessário curar as experiências desafiadoras (por vezes, dolorosas) vividas pelas pessoas participantes, através de um novo olhar sobre nosso passado escolar em que as vivências são vistas como fontes preciosas de novos modos de ser/saber/poder a serem manifestos na autoria.

Nossa noção de desbloqueio não se associa à ideia de um simples bloqueio criativo, mas de um bloqueio criado pelas palavrasmundo, no sentido freiriano, que colou em nossas identidades de alunos/as (que todos temos) e que carregamos por muito tempo de modo oculto. Muitas vezes, são vozes internas que nos inferiorizam, que julgam nossa escrita e nosso texto (nosso 'eu'), que nos colocam em um desânimo em relação ao processo autoral; algumas vezes, essas vozes nos fazem até mesmo querer desistir de nossa própria escrita (ou da nossa escrevivência, no sentido que Conceição Evaristo defende).

Nossa luta é para trazer esses fantasmas à tona, pois eles estão cristalizados em crenças e massacram nossa presença e vontade (devir) em relação à nossa própria palavra-texto. Ao tomarmos consciência linguística crítica dessas vozes, podemos cuidar de cada uma delas, acolhendo, agradecendo, incluindo e deixando cada uma delas no lugar em que precisam estar – no nosso passado. São movimentos sistêmicos trabalhados através de dinâmicas de escrita criativa sistêmica que vão integrando e curando nossas dores em relação à nossa expressão escrita e oral.

Ao final de cada capítulo elencamos uma bibliografia baseada nos conhecimentos trabalhados e sintonizamos as indicações de leitura com o que foi exposto na nossa trajetória de aprendizagem. Trouxemos também indicações de leituras que somam com cada saber partilhado e um resumo de cada passo da jornada.

Em suma, propusemos um trabalho dentro do contexto de vida real do sujeito escritor; as vivências foram conduzidas buscando ativar os sentidos e aprimorar as percepções (é a minimização do *falar sobre* em lugar da maximização da vivência real em si).

Este livro evocou, portanto, uma nova postura dialógica com relação à experiência da leitura/escrita, seja no sentido de propostas metodológicas para orientação de leitura (*close reading* ou leitura atenta) e de (re)escrita (escrita espontânea, escrita com restrição, técnicas de reescritas), seja no sentido de trazer saberes críticos, propor diálogos filosóficos e permutas de vida real, cultural, intersubjetiva etc. E finalizamos com as palavras dos protagonistas dessa jornada: os/as estudantes.

Partilhamos agora, para concluir, um texto produzido por Matheus Bacelar na disciplina Oficina de Produção de Textos, na UnB, em 2021. O ponto de vista é o de uma criança, e esse jovem talento nos brinda com este texto de encerramento:

Cansaço. O menino de dez anos só conseguia sentir isso. Pique-pega, esconde-esconde, trem maluco, bobinho, aula da tia Ju, irmãos, louça, inglês, até falou na reunião do tio Anderson. Valha, quanta coisa! A cama confortável era o melhor lugar da casa. Olhar o teto criativo depois daquele dia era lembrar e refletir sobre muitas coisas.

Obrigado, tia Ju, por ter ajudado hoje quando falei "obrilhado" sem querer. Todo mundo riu. "Não sabe, não sabe, vai ter que aprender. Orelha de burro, cabeça de ET". Por um momento sentiu que mais uma vez seria julgado por todos, diminuído e que teria que aprender a não errar mais. Foi diferente. A tia colocou todo mundo para escrever criativamente sobre o que seria "Obrilhado".

Oi, tia Ju. Eu só queria agradecer por ter me elogiado a forma como eu fiz a tarefa, mas falei errado sem querer. Desculpa! Eu aprendi a escrever muito novo, mas você mi ajudou a ver diferente as coisas. Que agora eu posso escrever sem ter medo. Que ler, cortar, sentir e escrever de novo o texto é legal. Que eu não preciso fazer tudo como algo maior manda. Que é possível escrever como eu mesmo em todos os lugares.

Valorizar. O ponto, a vírgula, a conversa o brilho, o bruto, o sensível. É mutável? Acho que me perdi no personagem... Tia Ju, eu falei obrilhado, mas quer saber? Não mi arrependo. Agradecer por ter ganhado tanto nesses quase 10 encontros é o mínimo que posso fazer. Preciso dar um sentido? Obrigado pelo brilho. Pronto! Acho que essa é a minha resposta que eu tenho, tia. O brilho em escrever novamente, o brilho emanado. O brilho que vem daí pra cá ou o que vai daqui pro papel? Ambos! Obrilhado por ensinar tanto a valorizar o meu brilho, a minha capacidade. Obrilhado é obrigado brilhoso, do jeito que a época mais festiva do Brasil gosta. Obrigado, tia Ju! Meus parabéns também, claro! (Por Matheus Bacelar.)

Referências bibliográficas

ALBUQUERQUE, Gina. *Programa Mulheres Inspiradoras e identidade docente*: um estudo sobre pedagogia transgressiva de projeto na perspectiva da Análise de Discurso Crítica. Brasília, 2020. Dissertação (Mestrado) – Instituto de Letras, Universidade de Brasília.

_____; DIAS, Juliana. Carta a uma professora: 'não quero ser invisível, quero ser professora'. *Cadernos de Linguagem e Sociedade*. Brasília, DF, 2018, v. 19, n. 3, pp. 29-48.

ANZALDÚA, Glória. "La conciencia de la mestiza: Rumo a uma nova consciência". *Estudos Feministas*, v. 13, n. 3, Florianópolis, 2005 [1987].

ASSIS BRASIL, L. A. *Escrever ficção*: um manual de criação literária. São Paulo: Companhia das Letras, 2019.

BACH JR., Jonas. Educação e a fenomenologia da natureza: o método de Goethe. *Filosofia e Educação*. Campinas, out. 2015/jan. 2016, v. 7, n. 3, pp. 57-78.

_____. O trabalho biográfico como fonte de aprendizado: autoeducação e fenomenologia de Goethe. *Educar em revista*. v. 35, n. 74. Universidade Federal do Paraná, 2017.

BACHELARD, Gaston. *A poética do espaço*. São Paulo: Martins Fontes, 1958.

_____. *A poética do devaneio*. São Paulo: Martins Fontes, 1996.

BAKHTIN, M. *Marxismo e filosofia da linguagem*. São Paulo: Hucitec, 1981.

_____. *Estética da criação verbal*. 6. ed. São Paulo: Martins Fontes, 2011.

BAZERMAN, Charles. "Gêneros textuais, tipificação e interação". In: DIONÍZIO, Angela Paiva (org.). *O estilo e as suas técnicas*. Trad. Marcel Cressot. São Paulo: Edições 70, 1947.

BETTEGA, Almicar *O voo da trapezista*. Porto Alegre: IEL/Movimento, 1994.

_____. *Prosa pequena*. Porto Alegre: Zouk, 2019.

BIDIMA, Jean-Godefroy. *De la traversée:* raconter des expériences, partager le sens. Rue Descartes, 2002, n. 36, p. 7-17. (Tradução para uso didático por Gabriel Silveira de Andrade Antunes.)

CALVINO, Italo *Seis propostas para o próximo milênio*. São Paulo: Companhia das Letras, 1994.

CAMERON, Julia. *O caminho do artista*: desperte o seu potencial criativo e rompa seus bloqueios. Rio de Janeiro: Sextante, 2017.

CAPRA, Frijot. *A teia da vida*: uma nova compreensão científica dos sistemas vivos. São Paulo: Cultrix, 1995.

COLLINS, Patricia Hill. *Pensamento feminista negro*: conhecimento, consciência e a política do empoderamento. São Paulo: Boitempo Editorial, 1990.

COUTO, Mia. *Na berma de nenhuma estrada*. Lisboa: Caminho, 2004.

_____. *Contos do nascer da Terra*. São Paulo: Companhia das Letras, 2009.

_____. *O último voo do flamingo*. São Paulo: Companhia das Letras, 2016.

CRARY, Jonathan. *24/7: Capitalismo tardio e os fins do sono*. São Paulo: Ubu, 2016.

DAVIS, Lydia. *Nem vem*: ficções. Trad. Branca Vianna. São Paulo: Companhia das Letras, 2017.

DIAS, Ana Claudia Souza. *Vozes reveladas*: o diário de bordo de estudantes da Educação Básica sob a perspectiva da análise de discurso crítica. Brasília, 2021. Dissertação (Mestrado em Linguística) – Universidade de Brasília (PPGL/UnB).

DIAS, Juliana de Freitas; COROA, Maria Luíza Monteiro Sales; LIMA, Sostenes Cézar de. Criar, resistir e transgredir: pedagogia crítica de projetos e práticas de insurgências na educação e nos estudos da linguagem. *Cadernos de Linguagem e Sociedade*. Brasília, DF, 2018, v. 19, n. 3, pp. 29-48.

DIAS, Juliana (org.). *No espelho da linguagem*: diálogos criativos e afetivos para o futuro. São Paulo: Pimenta Cultural, 2021.

_____. (org.) *Autoria criativa*: por uma metodologia da escrita criativa. Campinas: Pontes, 2021.

_____. Memorial de leitura: tatuagens de minha leitura da 'palavramundo'. *Revista Entrelinhas*, v. 6, n. 1, jan./jun. 2012.

_____. *Ler e (re)escrever textos na universidade*. Campinas: Pontes, 2018.

ESTÉS, Clarissa Pinkola. *Mulheres que correm com os lobos*. Rio de Janeiro: Rocco. 2018.

FAIRCLOUGH, Norman. *Discurso e mudança social*. Coord. de trad. Izabel Magalhães. 2. ed. Brasília: Universidade de Brasília, 2016 [1992].

_____. *Analysing Discourse*: textual analisys for social research. London: Routledge, 2003.

FLUSSER, V. *A escrita*: há futuro para a escrita? São Paulo: Anablume, 2010.

FOUCAULT, Michel. *Ética, sexualidade e política*. Trad. Elisa Monteiro e Inês Barbosa. Volume V. São Paulo: Forense Universitária, 2004. (Coleção Ditos e Escritos).

FREIRE, Paulo. *Pedagogia da esperança*: um reencontro com a Pedagogia do oprimido. São Paulo: Paz e Terra, 2012.

_____. *A importância do ato de ler*: em três artigos que se completam. 23. ed. São Paulo: Cortez, 1989.

GERALDI, João Wanderley. *O texto em sala de aula*. São Paulo: Ática, 1997.

GIROUX, H. *Os professores como intelectuais*: rumo a uma pedagogia crítica da aprendizagem. Trad. Daniel Bueno. Porto Alegre: Artmed, 1997.

GOLDBERG, Natalie. *Escrevendo com a alma*. São Paulo: WMF Martins Fontes, 2008.

HOOKS, bell. *Ensinando a transgredir*: a educação como prática da liberdade. São Paulo: WMF Martins Fontes, 2013.

JAFFE, Noemi. *O livro dos começos*. São Paulo: Cosac e Naify, 2015.

KOCH, Stephen. *Oficina de escritores*. Trad. Marcelo Dias Amada. São Paulo: WMF Martins Fontes, 2018.

MARTINS, Nilce. *Introdução à estilística*. 4. ed. São Paulo: Edusp, 2011 [1989].

PEREIRA, Ana Vieira. Posfácio "Para escrever, escrever". In: DIAS, Juliana (org.). *Autoria criativa*. Campinas: Pontes, 2021.

POSSENTI, Sírio. Indícios de autoria. *Perspectiva*, Florianópolis, v. 1-20, n. 1, pp. 105-124, jan. 2002.

PROSE, Francine. *Para ler como um escritor*. Rio de Janeiro: Zahar, 2008.

RODARI, Gianni. *Gramática da fantasia*: uma introdução à arte de inventar histórias. 11. ed. São Paulo: Summus, 1973.

RODRIGUES, Ulisdete. "O reencontro com o texto: reflexões emergentes da prática da reescrita na Universidade de Brasília". In: DIAS, Juliana (org.). *Comunidades de escrita autoral: abraçando a mudança no GECRIA*. Campinas: Pontes. No prelo.

SANTOS, Boaventura de Sousa. *A gramática do tempo*: para uma nova cultura política. 3. ed. São Paulo: Cortez, 2010. (Coleção Para um novo senso comum.)

SHELDRAKE, Rupert. *A ciência sem dogma*: a nova revolução científica e o fim do paradigma materialista. São Paulo: Cultrix, 2014.

SILVA, Elayne. *Análise do discurso carnavalizado na narrativa fílmica de animação* Valente: "Eu decidi fazer o que é certo e... Quebrar a tradição". Fortaleza, 2016. Dissertação (Mestrado em Linguística Aplicada) – Centro de Humanidades, Universidade Federal do Ceará.

SOME, Sobonfu. *O espírito da intimidade: ensinamentos ancestrais africanos sobre maneiras de se relacionar*. São Paulo: Odysseus, 2007.

VIEIRA, Gina. *Diário de Bordo – possibilidades de escrita para tornar a sala de aula uma comunidade de aprendizagem*. Artigo publicado no *Portal Escrevendo o Futuro*. 2023. Disponível em: https://www.escrevendoofuturo.org.br/conteudo/biblioteca/nossas-publicacoes/revista/artigos/artigo/3120/diario-de-bordo--possibilidades-de-escrita-para-tornar-a-sala-de-aula-uma-comunidade-de-aprendizagem. Acesso em: 3 jul. 2023.

VIEIRA JUNIOR, Itamar. *Torto arado*. São Paulo: Todavia, 2019.

A autora

Juliana de Freitas Dias é professora da Universidade de Brasília (UnB) e pesquisadora na área de Análise de Discurso em seus entrecruzamentos com Educação, Escrita Criativa, Antroposofia e Educação Sistêmica. É coordenadora do Grupo de Pesquisa Educação Crítica e Autoria Criativa (Gecria - UnB/CNPq).

COMITÊ EDITORIAL DA COLEÇÃO LINGUAGEM NA UNIVERSIDADE

Adail Sebastião Rodrigues-Júnior (UFOP)

Adail Sobral (UFRGS)

Adauto Locatelli Taufer (UFRGS)

Adja Balbino de Amorim Barbieri Durão (UFSC)

Adriana Cristina Sambugaro
de Mattos Brahim (UFPR)

Ana Beatriz Barbosa de Souza (UFG)

Ana Dilma Almeida (UniProjeção)

Ana Elisa Ribeiro (CEFET-MG)

Ana Maria Welp (UFRGS)

Ana Suelly Arruda Câmara Cabral (UnB)

Anderson Carnin (Unisinos)

Angela Brambilla Cavenaghi T. Lessa (PUC-SP)

Antonieta Heyden Megale (Unifesp)

Aparecida de Jesus Ferreira (UEPG)

Atilio Butturi (UFSC)

Beth Brait (PUC-SP)

Bruna Quartarolo Vargas (UFPR)

Camila Haus (UFRGS)

Camila Höfling (UFSCr)

Carla Conti de Freitas (UEG)

Carla Reichmann (UFPB)

Carla Viana Coscarelli (UFMG)

Carlos José Lírio (Unifesp)

Cátia Martins (York University)

Christine Almeida (UFES)

Clécio dos Santos Bunzen Jr. (UFPE)

Cleidimar Aparecida Mendonça e Silva (UFG)

Clezio Gonçalves (UFPE)

Cloris Porto Torquato (UFPR)

Cristiane Soares (Harvard University)

Cyntia Bailer (FURB)

Dánie Marcelo de Jesus (UFMT)

Daniela Fávero Netto (UFRGS)

Daniela Vieira (PUC-SP)

Dayane Celestino de Almeida (Unicamp)

Denise Hibarino (UFPR)

Dilys Karen Rees (UFG)

Diógenes Lima (UESB)

Dóris Cristina V. S. Santos (UFPR)

Dorotea Frank Kersch (Unisinos)

Eduardo Diniz de Figueiredo (UFPR)

Elaine Mateus (UEL)

Eliana Merlin Deganutti de Barros (UENP)

Eliane F. Azzari (PUC-Campinas)

Eliane Lousada (USP)

Érica Lima (Unicamp)

Eulalia Leurquin (UFC)

Fabíola Ap. Sartin Dutra
Parreira Almeida (Catalão)

Fernanda de Castro Modl (UESB)

Fernanda Ferreira (Bridgewater University, EUA)

Fernanda Liberali (PUC-SP)

Fidel Armando Cañas Chávez (UnB)

Florência Miranda (Universidad Nacional de
Rosario/Argentina)

Francisco Fogaça (UFPR)

Gabriel Nascimento (UFSB)

Gabriela Veronelli (Universidad Nacional de San Martin/Argentina)

Gasperim Ramalho de Souza (UFPLA)

Gisele dos S. da Silva (UFPR)

Grassinete C. de Albuquerque Oliveira (UFA)

Gustavo Lima (UFC)

Helenice Joviano Roque-de-Faria (Unemat)

Heliana Mello (UFMG)

Heloisa Albuquerque-Costa (USP)

Helvio Frank de Oliveira (UEG)

Ismara Tasso (UEM)

Ivani Rodrigues Silva (Unicamp)

Jhuliane Silva (UFOP)

João Xavier (CEFET-MG)

José Marcelo Freitas de Luna (Univali)

Junot de Oliveira Maia (UFMG)

Leosmar Aparecido da Silva (UEG)

Letícia J. Storto (UENP)

Lucas Araujo Chagas (UEMS)

Lúcia de Fátima Santos (UFBLA)

Luciani Salcedo de Oliveira (Unipampa)

Mailce Borges Mota (UFSC)

Marcia Veirano Pinto (Unifesp)

Maria Amália Vargas Façanha (UFS)

Maria Carmen Gomes (UnB)

María del Pilar Tobar Acosta (IFB)

Mariana Mastrella-de-Andrade (UnB)

Maximina M. Freire (PUC-SP)

Nanci Araújo Bento (UFBA)

Nara Takaki (UFMS)

Nayibe Rosado (Universiddad del Norte-Barranquila, Colômbia)

Paulo Boa Sorte (UFS)

Paulo Roberto Massaro (USP)

Raquel Bambirra (CEFET-MG)

Reinaldo Ferreira Da Silva (UNEB)

Roberval Teixeira e Silva (Macau University)

Rodrigo Camargo Aragão (UESC)

Rogério Tílio (UFRJ)

Rosana Helena Nunes (Fatec/UnB)

Samuel de Carvalho Lima (IFRN)

Sandra Regina Buttros Gattolin (UFSCar)

Shelton Souza (UFC)

Simone Batista (UFRRJ)

Simone Sarmento (UFRGS)

Socorro Cláudia Tavares (UFPB)

Solange Maria Barros (UFMT)

Soledad Oregioni (Universidad Nacional de Quilmes)

Sueli Salles Fidalgo (Unifesp)

Suellen Thomaz de Aquino Martins (UFSB)

Tamara Angélica Brudna da Rosa (IFFaroupilha)

Tânia Ferreira Rezende (UFG)

Vanessa Ribas Fialho (UFSM)

Vania Cristina Casseb-Galvão (UFG)

Vera Lúcia Lopes Cristovão (UEL)

Viviane Bengezen (UFCAT)

Wilmar D'Angelis (Unicamp)

GRÁFICA PAYM
Tel. [11] 4392-3344
paym@graficapaym.com.br